AF524684

a modo mio

Lieblingsgerichte & Küchengeschichten aus Italien

Alessandra Dorigato

2. Auflage 2022

ISBN 978-88-7283-790-0

Projektleitung: Eva Simeaner
Lektorat und Korrektur:
Magdalena Grüner, Helene Dorner
Grafik und Umschlaggestaltung:
Stephanie Innerbichler
Druckvorstufe: Typoplus
Alle Fotos von Alessandra Dorigato,
außer Foto S. 243: Anna Stöcher

Unseren Gesamtkatalog finden
Sie unter: www.raetia.com

Fragen und Anregungen:
info@raetia.com

Alessandra Dorigato bloggt auf:
a-modo-mio.at

Mehltypen

Folgende Mehltypen
entsprechen einander:

Mehl W480 (Österreich)
Mehl 405 (Deutschland)
Mehl 00 (Italien)

Mehl W700 (Österreich)
Mehl 550/812 (Deutschland)
Mehl 0/1 (Italien)

a modo mio

Lieblingsgerichte &
Küchengeschichten aus Italien

Alessandra Dorigato

RÆTIA

Inhaltsverzeichnis

Sofern nicht anders angegeben, sind alle Rezeptangaben für 4 Personen.

Glossar

g	Gramm
EL	Esslöffel
kg	Kilogramm
Marillen	Aprikosen
ml	Milliliter
Msp.	Messerspitze
TL	Teelöffel
Pkg.	Packung

Frühling
Sommer
Herbst
Winter
das ganze Jahr
vegetarisch
Backblech
Einmachglas
Flasche
Keks

Suppen – Seelenwärmer für jede Jahreszeit

Vegetarische Gerichte

FLOTTE RISOTTI, PASTA UND EIERGERICHTE

HAUSGEMACHTE NUDELN, NOCKERL UND OFENGERICHTE

Hauptspeisen mit Fisch und Fleisch

Italienisches Streetfood

Pizza, Brot und salzige Knabbereien

→
Salzige Focaccia mit Trauben und Rosmarin, Rezept Seite 155

Dank

Stellvertretend für alle Freunde und Verwandten, die mich von der Idee weg bis zur Umsetzung dieses Buches in unterschiedlichsten Formen unterstützt haben, bedanke ich mich bei meiner Familie. Sophia, Jacopo, Matthias, ihr gebt mir jeden Freiraum, um meiner Kreativität zu folgen. Eure Liebe ist mein täglicher Rückhalt. Ein riesengroßes Dankeschön auch an meine Mamma und Nonna, die mir ihr Wissen weitergegeben und bei mir die Liebe zum Kochen geweckt haben. Nicht nur wunderbare Rezepte und Erinnerungen, sondern auch den Respekt vor der Natur und ihrem Kreislauf verdanke ich euch.
Ein besonderes Danke geht an Christina, die meine Arbeit seit Jahren begleitet und immer wieder die richtigen Worte dafür findet. Und *last but not least* möchte ich allen danken, die regelmäßig meine Blog-Beiträge auf a-modo-mio.at lesen, die meiner Kolumne bei DerStandard.at folgen, und natürlich den Leser*innen dieses Buches. Ohne euch hätte ich meine Leidenschaft niemals zum Beruf machen können. Ich hoffe, ein wenig von dieser Leidenschaft für die italienische Küche springt auf euch über!

A modo mio – Italiens Küche auf meine Art

Der Geschmack eines süßen Feigenbrotes, das beruhigende Blubbern des Tomatensugos im Topf, der Duft eines langsam geschmorten Pollo arrosto, der durchs Haus zieht. Viele meiner Kindheitserinnerungen haben mit Kochen und Essen zu tun. Egal zu welcher Uhrzeit ich in die Küche kam, traf ich dort entweder meine Nonna oder meine Mamma an. Da wurde in Töpfen gerührt oder Beeren, Möhren und Kräuter wurden geputzt. Die Küche war das Herz des Hauses im Trentino. Hier wurden Neuigkeiten ausgetauscht, heiß diskutiert und viel gelacht. Und hier lernte ich, dass köstliche Speisen aus mehr bestehen als aus der Summe ihrer Zutaten.

Seit einigen Jahren teile ich meine Liebe zur italienischen Küche und viele Rezepte nun schon auf meinem Blog a-modo-mio.at. Einige der Gerichte habe ich in dieses Buch übernommen, viele neue sind dazugekommen. Freu dich auf unkomplizierte originale Alltagsgerichte, auf Speisen mit großer Geschichte und fast vergessene Rezepte aus Italiens Regionen, von Trentino-Südtirol bis Sizilien. Meine Leibspeisen aus Mammas und Nonna Ninas Küche - die Lasagne oder ein traumhafter Apfelkuchen - sowie eigene Kreationen dürfen natürlich nicht fehlen.

Nur vereinzelt hat ein Gericht mehr als zehn Zutaten. Genuss braucht eben keinen Schnickschnack, sondern beste und frische Lebensmittel. Rezepte, mit denen ich den Einklang mit den Jahreszeiten sowie eine bewusste Regionalität pflegen kann, gehören zu meinen Favoriten: vielfältige Antipasti, frische Salate und vegetarische Speisen. Flexitarier*innen, Fans von italienischem Streetfood und süßen Verführungen kommen ebenfalls auf ihre Kosten. Und auch wer gern Gemüse und Obst einlegt und einkocht, findet Inspiration in diesem Buch.

Neben ausführlichen Kochbeschreibungen verrate ich dir Tipps und Tricks für perfekte Pasta und selbst gebackenes Brot. Nebenbei bleibt Platz für die ein oder andere historische Anekdote, die bei uns mit der Minestrone oder der Farinata di ceci serviert wird. Über das Essen zu reden, gehört in Italien eben zum guten Ton am Tisch. Auch so bewahren wir ein Stück Kulturgut. Aber es geht nicht nur um die Kochkunst: Gemeinsam in der Küche zu stehen, zu kochen und miteinander zu genießen – das ist erst die magische Zutat, die die einfachste Speise in etwas Besonderes verwandelt.

Deine Alessandra
a-modo-mio.at

Salate, Antipasti und Beilagen

Regional und saisonal

Tomaten aus Kampanien, Zucchiniblüten aus Sizilien, alte Bohnensorten aus der Toskana, Schafskäse aus Sardinien, Maroni aus der Lombardei, Polenta aus Trentino-Südtirol. Italien verdankt die Vielfalt seiner Küche zweifellos auch dem klimatischen Reichtum seiner Regionen und zahlreichen engagierten Landwirten. In den ersten Kapiteln folge ich mit den Rezepten dem Lauf des Jahres und der Verfügbarkeit der Lebensmittel. Das soll dir auch den Einkauf möglichst regionaler Produkte erleichtern. Am Ende des Kapitels findet man jene Rezepte, die nicht an saisonale Zutaten gebunden sind.

Vorspeise oder Beilage

Gerade die italienische Gemüseküche ist sehr flexibel. Gusto und Hunger entscheiden, ob du etwa die Caponata als Antipasto servierst, als Beilage zu einem Fleischgericht oder solo, als leichtes Mittag- oder Abendessen mit Brot. Nur die Portionsgrößen werden jeweils angepasst. Ich habe die Vorspeisen in kalte und warme Gerichte eingeteilt, so wie es in Italien üblich ist. Aber Estragon-Zucchini schmecken kalt genauso gut wie warm. Olivenöl ist in Italien eine Grundzutat - nicht bloß in der Vorspeisenküche. Achte immer auf die beste Qualität: nativ extra, auf Italienisch *extra vergine*.

Kleines Salatwissen

In Italien mariniert jeder seinen Salat selber - und zwar am Tisch. So wird optisch und geschmacklich die Frische bewahrt. Das klassische Dressing besteht aus Salz, Olivenöl und Weinessig oder Zitrone, genau in dieser Reihenfolge. Zitronensaft passt zum Beispiel zu gekochtem Mangold oder rohem Fenchel. Zwiebeln werden oft und gern eingesetzt, vor allem bei Salatsorten mit bitterem Geschmack wie Radicchio oder bei Tomaten, um ihre Säure auszugleichen. Wichtig ist noch, den Salat gut trocken zu schleudern. Als Kinder haben wir das im Garten oder auf der Terrasse in einem Geschirrtuch gemacht.

Löwenzahnsalat mit Spargel
und Erdbeeren nach Nonna Nina

Essbares in Wiese und Wald zu sammeln, habe ich von meiner Großmutter gelernt. Meine Nonna Nina war eine Frau mit bodenständigen Leidenschaften. Jeden Morgen stand sie um fünf Uhr auf. Noch vor dem Frühstück ging sie in der Nähe ihres Hauses auf die „Jagd". Wenn Nonna dann nach Hause kam, war ihre Schürze immer gefüllt. Da gab es Wildkräuter und Sprossen für Ravioli oder Salate, Pilze für Risotto und ein paar Wiesenblumen für den Tisch und für die Gedenkecke mit dem Bild von Nonno. Dieses Rezept ist von ihr. Ihre Zutatenliste ergänze ich mit Avocado.

Nüsse eventuell teilen und in einer Pfanne ohne Fett goldbraun rösten. Rosinen mit 1 Esslöffel Wasser einweichen. Zitronen auspressen und den Saft in eine weite Schüssel geben. Avocados schälen, in Scheiben schneiden und in den Zitronensaft legen. Der Zitronensaft wird später für die Marinade verwendet. Erdbeeren waschen und halbieren. — Das untere Ende der Spargel schälen und holzige Teile abschneiden. In einem Topf reichlich Wasser zum Kochen bringen, salzen und eine Prise Natron dazugeben. Die Spargel darin etwa 3–5 Minuten knackig garen. Wildspargel haben kürzere Garzeiten. Die gekochten Spargel in Stücke schneiden, kurz in der geschmolzenen Butter braten und zur Seite stellen. — Löwenzahn, Blattsalat und Blüten waschen, trocknen und falls nötig zerkleinern. In einer Salatschüssel mischen. Nun Avocado, Rosinen, Spargel, Erdbeeren und Nüsse darauf anrichten. Mit Salz, Olivenöl und dem Zitronensaft marinieren. Die fein geschnittene Chilischote verleiht diesem Frühlingssalat eine angenehme Schärfe. Den Teller mit den Blüten garnieren.

4 EL Nüsse (Haselnüsse, Walnüsse, auch Mandeln o. a.)
2 EL Rosinen
1 EL Wasser
3 Zitronen, Saft
2 Avocados
8 große Erdbeeren
12 grüne Spargel, wenn möglich Wildspargel
Salz
1 Prise Natron (wenn vorhanden)
30 g Butter
300 g junge Löwenzahnblätter (alternativ Rucola)
300 g Blattsalat
100 g essbare Blüten (Gänseblümchen, Kamillenblüten u. a.)
Olivenöl
½ frische Chilischote

Sommersalat
mit Wassermelone und Mozzarella

Ich mag meine Melone gern süß, also wähle ich beim Melonenkauf bei gleicher Größe die schwerere aus. Die Klopfprobe kann ebenfalls verraten, ob die Melone reif ist. Klopfe mit den Fingerknöcheln auf die Schale. Klingt es dumpf, enthält die Melone viel Wasser und ist reif. Klingt es hell, wird sie eher unreif sein. Ich achte auch darauf, dass die Melone eine gleichmäßige Form, keine Beulen oder verletzte Stellen hat.
Oliven schmecken hervorragend in diesem Salat. Aber Oliven und Salz gebe ich erst ganz kurz vor dem Servieren dazu. Sonst entzieht das Salz dem Obst und den Tomaten zu viel Wasser. Manchmal ersetze ich den Mozzarella durch würzigeren Schafs- oder Ziegenkäse.

Mozzarella in einem Sieb abtropfen lassen. — Kräuter, Pfirsich und Gemüse waschen und trocken tupfen. Tomaten schneiden, Kerne und Saft dabei abschütteln. Gurke nach Belieben schälen, die inneren Kerne ebenfalls entfernen und die Gurke klein schneiden. Das Entfernen von Saft und Samenkernen soll verhindern, dass der Salat zu wässrig wird. Die Melone schälen, entkernen und das Fruchtfleisch – ebenso wie den Pfirsich – in mundgerechte Stücke schneiden. — Mozzarella klein schneiden und Kräuter hacken. Tomaten, Gurke, Melone und Pfirsich mischen. Am Schluss die Oliven, den zerkleinerten Mozzarella und die Kräuter dazugeben. Etwas salzen, mit Öl und beliebig mit Zitronensaft marinieren.

2 Kugeln Mozzarella
1 kleiner Bund Basilikum
1 kleiner Bund Minze
1 Pfirsich
4 Fleischtomaten
1 feste Gurke
4 große Scheiben Wassermelone
schwarze Oliven
Salz
Olivenöl
2 Zitronen, Saft (alternativ Balsamico-Essig)

Caponata siciliana

Die Caponata siciliana gehört zu den Grundpfeilern der sizilianischen Küche und konnte angeblich sogar das Heimweh ausgewanderter Sizilianerinnen und Sizilianer stillen. In Konserven abgefüllt wurde das Gericht schon vor gut 100 Jahren in die USA exportiert.
Um ihren Geschmack perfekt zu entfalten, sollte die Caponata mindestens 4 Stunden – am besten über Nacht – bei Raumtemperatur durchziehen. Sie schmeckt als Antipasto auf geröstetem Weißbrot, als Beilage zu Fisch oder Fleisch oder einfach solo zu einem guten Glas Wein aus Sizilien.

---

2 Melanzani
Salz
500 g reife Tomaten
40 g Pinienkerne oder Mandelstifte
20 schwarze oder grüne Oliven
2 EL gesalzene Kapern
1 große rote Zwiebel
40 g Staudensellerieherz (die feinen inneren Stangen)
Olivenöl
1 kleiner Bund Basilikum
3 EL Weißweinessig
1 TL Zucker

Melanzani in Würfel schneiden, mit reichlich Salz bestreuen und etwa 30 Minuten in einem Sieb abtropfen lassen (das Salz entzieht das Wasser). — Wasser in einem Topf zum Kochen bringen. Die Tomaten 1 Minute ins kochende Wasser tauchen und dann schälen. In Stücke schneiden, dabei Samen und Saft entfernen. Der Tomatensaft würde die Melanzani klebrig machen. — Pinienkerne und Mandeln ohne Fett rösten. Oliven entkernen und zerkleinern. Kapern mit Wasser abspülen und trocken tupfen. Zwiebel in feine Scheiben schneiden, Sellerie grob hacken. Etwas Olivenöl in einer Kasserolle erhitzen, und die Zwiebel darin bei schwacher Hitze ca. 10 Minuten schmoren lassen. Tomaten und Sellerie dazugeben. Nach weiteren 5 Minuten folgen Oliven, Kapern und Pinienkerne. — Melanzani vorsichtig ausdrücken und mit Küchenpapier abtupfen. Die Stücke im Öl schwimmend goldbraun braten. Herausnehmen und auf Küchenpapier abtropfen lassen. Die Melanzani zum restlichen Gemüse geben. 2–3 Minuten mitschmoren lassen.
— Die Caponata mit Basilikumblättern, Essig, Zucker und einer Prise Salz abschmecken. Das leicht säuerliche Gemüse passt zum Beispiel prima zu Polpette di Pelliccia (siehe S. 123).

Honigkarotten
mit Pecorino

Diese Karotten aus dem Backofen sind schnell und einfach zubereitet - und sie bringen viel Farbe und Geschmack auf den Tisch. Ich mache sie gerne, wenn es draußen eher kalt und nebelig ist. Die tollen Farbtöne hellen auch trübe Tage auf. Wenn ich diese Beilage im Sommer zubereite, verwende ich Karotten vom Beet oder Biomarkt.

---

20 kleinere Karotten verschiedener Sorten
Olivenöl
Salz
1 kleiner Bund Basilikum
½ Zitrone, Saft
ca. 2 EL flüssiger Honig
100 g junger Pecorino

Backofen auf 180 °C (Ober-/Unterhitze) vorheizen. Backblech mit Backpapier auslegen. — Karotten schälen und auf dem Backblech verteilen. Sehr dicke Exemplare teilen oder vierteln. Mit Öl beträufeln, salzen und ca. 20 Minuten backen bzw. so lange, bis die Karotten gar sind. — In der Zwischenzeit Basilikum fein hacken und die Zitrone auspressen. In einer Schüssel Basilikum, Olivenöl, Zitronensaft, Honig und Salz mischen. Karotten noch warm mit dem Dressing marinieren. 1 Stunde ziehen lassen. — Pecorino fein hobeln. Die gut durchgezogenen Karotten mit dem Pecorino garnieren, mit Salz und ein paar Tropfen Honig abschmecken und als Beilage oder Vorspeise servieren.

Tipp

Das Karottengrün verwende ich für Pesto. Zum gehackten Kraut von 20 Karotten gebe ich 1 Knoblauchzehe, 1 Handvoll Mandeln, 1 Handvoll Parmesan, Salz und Olivenöl. Dieser Pesto schmeckt ausgezeichnet zu Gemüse, zu Pasta oder auf getoastetem Brot.

Rote-Bete-Carpaccio

mit Speck und Walnüssen

Dieses fleischlose Carpaccio kann in verschiedenen Varianten zubereitet werden. Ich verwende gekochte Rote Bete. Wer aber selbst Rote Bete im Gemüsebeet hat, kann die rohe Carpaccio-Variante probieren: Dafür erntest du die Rübe schon, wenn sie einen Durchmesser von ca. 3 cm hat. Dann ist sie besonders zart und süß. Die Bete nach dem Schälen hauchdünn hobeln und mit Zitrone, Olivenöl, Salz und Pfeffer marinieren.
Wenn du „ausgewachsene" Rote Beten verwenden möchtest, empfehle ich, diese mit etwas Salz, ½ TL Pfefferkörnern, ½ TL Kümmelsamen sowie 1 Lorbeerblatt in leicht köchelndem Wasser ca. 30–50 Minuten (je nach Größe) weich zu garen. So haben sie viel mehr Geschmack als die fertig vorgekochten.

- **4** mittelgroße Rote Beten (gekocht)
- **120 g** Walnüsse
- **120 g** Südtiroler Speck
- **1** Prise Kümmel
- Olivenöl
- **150 g** Feldsalat (Vogerlsalat)
- **1** Zitrone, Saft
- **1** kräftige Prise Salz
- Pfeffer aus der Mühle

Rote Beten in dünne Scheiben schneiden und auf Tellern anrichten. — Walnüsse grob hacken und in einer beschichteten Pfanne ohne Fett rösten. — Speck in Würfel oder Streifen schneiden und mit dem Kümmel im heißen Öl kross anbraten, aus dem Fett nehmen und zur Seite geben. — Feldsalat mit Zitronensaft, Olivenöl, Salz und Pfeffer marinieren und auf dem Rote-Bete-Carpaccio anrichten. Den noch heißen Speck darüber verteilen und servieren.
Das Gericht kannst du noch mit einem aromatischen, jungen Hartkäse (ca. 30 g pro Person) verfeinern. Schneide den Käse in dünne Scheiben und lege ihn auf den noch warmen Speck, damit er leicht anschmilzt.

Tipp

Wirf das farbenprächtige Kraut der Roten Bete nicht weg. In der italienischen Küchentradition wird es ähnlich zubereitet wie Mangold: Zunächst wird es kurz blanchiert. Dann wird es entweder kalt als Salat angerichtet oder in der Pfanne mit etwas Knoblauch sautiert und mit Parmesan bestreut als Beilage serviert.

Sizilianischer Salat

mit Fenchel und Orangen

Ob als Vorspeise, als Beilage zu Fisch oder als gesunder Happen zwischendurch - ein sizilianischer Fenchel-Orangen-Salat passt immer. Die mild-süßen Orangen gleichen den intensiven Geschmack des Fenchels aus. Frische Minze sorgt für Würze. Das Originalrezept aus Sizilien ergänze ich gerne mit knackigen Salatblättern. Wer mag, kann zum Salat fein geschnittene rote Zwiebeln dazugeben.

---

2 Fenchelknollen
1 TL Natron (wenn vorhanden)
2 Handvoll knackige Salatblätter
2 Orangen
1 kleiner Bund Minze
1 Handvoll Walnüsse
2 EL schwarze Oliven
Salz
Olivenöl
Zitronensaft

Fenchel putzen, bei Bedarf das Kraut und die äußeren, oft vergilbten Blätter entfernen, ebenso den Strunk. Grob zerstückeln. Eine Schüssel mit frischem, kaltem Wasser füllen und das Natron dazugeben. Den Fenchel darin 5 Minuten ruhen lassen. So verhindert man, dass er braun wird. — Salatblätter waschen, trocknen und zerkleinern. Eine Orange auspressen. Die zweite filetieren. — Fenchel gut trocknen, in mundgerechte Stücke schneiden. Minzblätter und Walnüsse grob hacken. — In einer großen Schüssel alle Zutaten samt Oliven mischen. Salzen, mit Olivenöl, dem Orangensaft und nach Belieben mit etwas Zitronensaft marinieren.

Zedernfrüchte
mit rosa Grapefruit und Pistazien

Highlight Zedernfrüchte oder Zitronatzitronen *(cedri)* gehören zu den ältesten in Europa kultivierten Zitrusfrüchten. Selbst in Italien bekommt man die oft handballgroßen Früchte nur auf dem Markt oder beim *fruttivendolo* (Obsthändler). Außerhalb Italiens wirst du auf Märkten oder in italienischen Spezialitätengeschäften fündig. Auspressen lohnt sich nicht, denn *cedri* haben fast keinen Saft. Die Schale und das weiße Fruchtfleisch schmecken fein zitronig. Wer im Herbst im Hauptanbaugebiet Kalabrien unterwegs ist, kommt in den Genuss erntefrischer Früchte. Mache es den Bauern nach, die sich so bei der Ernte stärken: Die Frucht in Scheiben schneiden, mit etwas Salz bestreuen und gleich verzehren.

---

1 Zedernfrucht
2 rosa Grapefruits
1 Handvoll Pistazien (alternativ Mandeln)
Salz
1 Granatapfel
Olivenöl

Die Zedernfrucht gründlich unter Wasser abbürsten, abtrocknen und in sehr dünne Scheiben oder Stücke schneiden. — Grapefruits mit einem scharfen Messer großzügig schälen, auch die weiße Haut entfernen. Über einer Schüssel filetieren und den Saft dabei auffangen. — Pistazien bzw. Mandeln in einer Pfanne mit 2 Prisen Salz und ohne Fett rösten. Nach Wunsch zerkleinern. — Vom Granatapfel den Strunk bzw. die „Kappe" abschneiden, sodass die Kernkammern sichtbar werden. Nun den Granatapfel entlang der Trennhäute dieser Kammern anschneiden und auseinanderbrechen. Die Kerne können nun einfach herausgelöst werden. — Zedernfruchtscheiben und Grapefruitfilets in einer großen Schüssel mischen. Mit Salz, Grapefruitsaft und Olivenöl marinieren und mit den Pistazien und Granatapfelkernen anrichten.

Tipp
Zedern sind ein prima Durstlöscher. Mit etwas Olivenöl, Pfeffer und einer Scheibe Weißbrot wird daraus ein köstlicher Imbiss. Frische Tomaten und Kräuter runden ihn geschmacklich ab.

Gebratene Zucchini
mit Estragon

Die Zucchini in unserem Garten gedeihen prächtig. Vielleicht liegt das daran, dass ich Zucchini neben die Zwiebeln und weit entfernt von Kürbissen pflanze. Darauf hat meine Oma immer sehr viel Wert gelegt. Bei selbst gezogenen Zucchini solltest du ein kleines Stück probieren, bevor du das Gemüse weiterverarbeitest. Die Zucchini sollten süßlich und auf keinen Fall bitter schmecken. Ich nehme für dieses Gericht gern kleine Zucchini. Wenn sie größer sind, sind sie nicht mehr so knackig. Gebratene Zucchini schmecken auch prima mit etwas Schafskäse. Sie sind wunderbare Begleiter zu primi piatti, aber genauso zu Fleisch und Fisch.

4 feste, kleine Zucchini
Olivenöl
2 Knoblauchzehen
3 Zweige Estragon
ca. 100 g Butter
Salz
3 Handvoll Weißbrotwürfel, hart
Pfeffer aus der Mühle

Zucchini waschen und in mundgerechte Stücke schneiden. Eventuell gröbere Kerne im Inneren entfernen. Die Zucchinistücke in einer Pfanne in etwas Olivenöl scharf anbraten. Die Knoblauchzehen schälen, die ganzen Zehen in die Pfanne mit den Zucchini geben und mitbraten. — Blätter des ersten Estragonzweigs ablösen und ebenfalls mitbraten. Sobald die Zucchini goldbraun werden, die Knoblauchzehen wieder aus der Pfanne nehmen. — In einer zweiten Pfanne Butter zerlassen, salzen und die Blätter des zweiten Estragonzweigs dazugeben. Brotwürfel in der aromatisierten Butter goldbraun braten. — Zucchini und Brotwürfel mischen. Mit Salz und Pfeffer abschmecken, die frischen Blätter des dritten Estragonzweiges dazugeben und warm oder lauwarm servieren.

Gebackene grüne Bohnen

Bei uns in Italien gibt es noch eine alte Bohnensorte: die *gambe de siora,* was so viel wie „Damenbeine" bedeutet. Es sind dünne und lange grüne Bohnen, die gekocht butterweich und doch knackig im Biss sind. Kein Wunder, dass sich früher die Frauen am Stand des Saatgutverkäufers drängten, wenn er im Frühling in unser Dorf kam. Im Sommer findet man auf dem Markt auch andere junge grüne Bohnen, die noch keine Fäden ausgebildet haben.
Ich peppe die Bohnen gerne mit Kapern geschmacklich etwas auf. Für ein leichtes Abendgericht brate ich zusätzlich auch mal etwas klein geschnittenen Pancetta oder Guanciale an und verteile ihn über die Bohnen. Beim Salzen aufpassen: Salzkapern und Speck sind schon sehr würzig.

---

800 g junge, grüne Bohnen
Olivenöl
Salz
Pfeffer aus der Mühle
20 g gehackte Pinienkerne oder Nüsse
30 g Butter
60 g kleine Salzkapern
wilder Fenchel oder Dill

Backofen auf 200 °C (Umluft) vorheizen. Ein Blech mit Backpapier auslegen. — Bohnen waschen, trocken tupfen und von den Spitzen befreien. In Olivenöl schwenken, mit Salz und Pfeffer würzen. Die Bohnen auf dem Backblech verteilen und in den Backofen geben. Zusätzlich einen feuerfesten Behälter mit Wasser in den Ofen schieben. Bohnen nach 10–12 Minuten herausnehmen, sie sollten weich und nur stellenweise braun sein. Auf eine Servierplatte geben. — Pinienkerne oder Nüsse ohne Fett goldbraun rösten. Dabei ständig rühren. Butter in einem kleinen Topf bei mittlerer Hitze zerlassen. Butter und Kerne bzw. Nüsse gleichmäßig über die Bohnen verteilen. — Kapern waschen und trocken tupfen 2 Esslöffel Olivenöl in den Topf geben und erhitzen. Kapern darin unter Rühren 1–2 Minuten knusprig braten. Mit einem Schaumlöffel aus dem Öl heben und über die Bohnen streuen. Wilden Fenchel bzw. Dill hacken und ebenfalls zu den Bohnen geben. — Alles gut durchmischen und die gebackenen Bohnen als Antipasto oder als Beilage zu Fleisch oder Geflügel servieren.

Crostini
mit Tomaten und Burrata

Im Sommer verbringt man die Zeit lieber draußen als in der Küche. Das Essen muss dann ohne Aufwand und schnell auf den Tisch kommen. Diese Crostini sind flott zubereitet und ein perfekter Sommer-Antipasto.
Genau wie bei der traditionellen Bruschetta liegt das Geheimnis für viel Geschmack darin, den Knoblauch auf warmes Brot zu reiben. Doch dieses Röstbrot überrascht zusätzlich mit würzigen Aromen von Kreuzkümmel und Estragon.

Die Tomaten waschen, trocknen und vierteln. Dabei die Kerne und den Saft in einer Schüssel auffangen. Tomaten mit Olivenöl, ein paar Spritzern Zitronensaft und dem Abrieb 1 Zitrone marinieren. Mit etwas Pfeffer würzen. — Kreuzkümmelsamen in einer beschichteten Pfanne ohne Fett kurz rösten, bis sie duften, im Mörser zerstoßen. Wilden Fenchel bzw. Dill und Estragon waschen und trocken tupfen. Die Kräuter grob hacken, vom Estragon nur die Blätter verwenden. Burrata schneiden. Knoblauchzehe schälen, halbieren und den inneren Trieb entfernen. — Nun die Brotscheiben in einer Pfanne rösten, wenden und die bereits angeröstete obere Seite mit der Schnittfläche der Knoblauchzehe gut einreiben. Die Brotscheiben mit den marinierten Tomaten und der Burrata belegen. Mit dem Kreuzkümmel, dem Abrieb der zweiten Zitrone und den Kräutern abschmecken. Mit Pfeffer übermahlen und je nach Geschmack etwas salzen sowie mit Olivenöl beträufeln. Sofort warm servieren.

350 g Kirschtomaten
Olivenöl
2 unbehandelte Zitronen, Saft und Abrieb
Pfeffer aus der Mühle
¼ TL Kreuzkümmelsamen
1 Zweig wilder Fenchel oder Dill
1 Zweig Estragon
1 Burrata
1 Knoblauchzehe
4 Scheiben Weißbrot
Salz

Topinambur
mit Petersilie

Topinambur erinnern mich im Geschmack an Artischocken, wobei sie süßer sind. Die leckeren Knollen lassen sich leider schwer schälen. In der italienischen Küchentradition werden sie oft unter frischem Wasser nur mit einer Bürste sauber gerieben, um Erde und Schmutz zu entfernen. Wie Artischocken tendieren Topinambur zum Verfärben. Zitronenwasser schenkt den Knollen wieder ihre appetitliche Farbe. Das Inulin im Topinambur wirkt als Ballaststoff im Darm und bringt die Verdauung in Schwung. Wenn man es nicht gewohnt ist, kann das aber zu Blähungen führen. Gibt man gegen Ende des Kochvorgangs 1 Messerspitze des asiatischen Gewürzes Asafoetida hinzu, kann man ihnen etwas vorbeugen. Keine Sorge: Der intensive Knoblauchgeruch des Gewürzes verfliegt vollständig. Ich esse Topinambur mit Petersilie gern statt Pasta als *primo piatto* oder zu Rind- oder Lammgerichten.

Eine große Schüssel mit Wasser füllen und mit dem Saft von 2 Zitronen mischen. Topinambur unter fließendem Wasser abbürsten, verdickte Schalenstücke entfernen und die Knollen gleich ins Zitronenwasser legen. Topinambur in mundgerechte Stücke schneiden und gleich wieder ins gesäuerte Wasser geben. Nun die Knoblauchzehen schälen und in einer weiten Pfanne in reichlich Olivenöl rundum goldbraun anbraten. Die Zehen wieder aus der Pfanne nehmen. — Zitronenwasser aus der Schüssel abgießen, die Topinambur gut abtropfen lassen. Im heißen Olivenöl, in dem zuvor die Knoblauchzehen angebraten wurden, anrösten. Mit Weißwein ablöschen und 10-15 Minuten bei niedriger Flamme schmoren lassen, bis die Knollen weich sind. — Petersilie fein hacken und mit Olivenöl, Salz und Pfeffer zu einer Marinade vermengen. Topinambur mit der Marinade mischen und servieren.

1 l Wasser
2 Zitronen, Saft
800 g Topinambur
3 Knoblauchzehen
Olivenöl
250 ml Weißwein
1 kleiner Bund Petersilie
Salz
Pfeffer aus der Mühle

Gebratener Radicchio
mit Parmesan

Gebratener Radicchio ist eines meiner Lieblingsgemüsegerichte. Wenn es auf den Teller kommt, brauche ich nichts anderes dazu. Die längliche Sorte Radicchio di Treviso, die ich verwende, ist leicht bitter und hat ein feines Aroma. Dieses Gericht ist im Handumdrehen fertig und gelingt auch mit rotem oder weißem Chicorée oder dem extravaganten Radicchio tardivo. Nur der runde Radicchio di Chioggia eignet sich nicht für diese Zubereitung. Gebratener Radicchio schmeckt warm und kalt: etwa als Beilage zu Fleischgerichten oder – mit knusprigem Weißbrot und hauchdünn gehobeltem Parmesan – als Vorspeise. Für eine angenehme Säure mariniere ich den Radicchio mit Balsamico-Essig. Ohne Essig könnte geschmorter Radicchio aber auch als Basis für einen ausgezeichneten Risotto dienen.

---

2 Stück Radicchio
4 EL Pinienkerne oder Mandelstifte
Olivenöl
2 Knoblauchzehen
Salz
100 g Parmesanflocken

Radicchio waschen, abtrocknen und der Länge nach vierteln. Den Strunk dranlassen, denn er hält die Blätter zusammen. Pinienkerne bzw. Mandeln in einer beschichteten Pfanne ohne Fett rösten und beiseitestellen. — Nun etwas Olivenöl in der Pfanne erhitzen. Knoblauch schälen und die ganzen Zehen ins Olivenöl geben, um es zu aromatisieren. Dazu die Pfanne kippen und den Knoblauch schwimmend braten. Dann die Knoblauchzehen aus dem Öl nehmen. — Die Radicchio-Viertel auf beiden Schnittflächen im aromatisierten Olivenöl anbraten, bis sie leicht gebräunt sind. Mit etwas Salz abschmecken, mit den Parmesanflocken und den gerösteten Pinienkernen bzw. Mandelstiften verfeinern. Lauwarm servieren.

Fagioli all’uccelletto

Dieses Bohnengericht ist der perfekte Begleiter zu Polenta, Schmorbraten oder zur toskanischen Bratwurst. Salbeiblätter sorgen für das spezielle Aroma dieses Klassikers der ländlichen Küche Mittelitaliens. Dem Salbei verdanken die Fagioli all’uccelletto (übersetzt etwa „Bohnen nach Vogelart“) wohl auch ihren Namen, würzte man doch gebratene Vögel früher bevorzugt mit Salbei. Für diese Beilage nimmt man traditionell kleine weiße Bohnen. Es sollte eine Sorte sein, die beim Kochen innen cremig weich wird, ohne dabei zu zerfallen.

---

500 g getrocknete Bohnen
1 Knoblauchzehe
3 EL Olivenöl
6 Salbeiblätter
ca. 250 g passierte Tomaten
Salz
Pfeffer aus der Mühle

NACH BELIEBEN:
125 ml Rotwein
1 Handvoll frische Petersilie

Bohnen über Nacht in reichlich kaltem Wasser einweichen. Wasser am nächsten Tag abgießen und Bohnen nochmals abwaschen. — Knoblauch schälen und klein schneiden. In einem Schmortopf im Olivenöl goldbraun braten. Bohnen, Salbeiblätter und die passierten Tomaten dazugeben. Wer möchte, kann den Knoblauch auch zuerst mit Rotwein ablöschen, den Wein einköcheln lassen und dann erst die restlichen Zutaten dazugeben. Den Deckel auf den Topf setzen und die Bohnen bei geringer Hitze 40–45 Minuten lang sachte schmoren lassen. Gelegentlich umrühren und auch probieren, denn die Kochzeit ist je nach Bohnensorte unterschiedlich. Bei Bedarf etwas Wasser hinzufügen. Mit Salz und Pfeffer abschmecken. Die Bohnen werden in der Toskana im Schmortopf serviert. Manche garnieren sie zuvor noch mit einer Handvoll gehackter Petersilie.

Artischocken
auf jüdische Art

Der römische Schriftsteller Plinius erzählte, dass eine Bauerntochter ihren Esel wunderschöne Disteln essen sah. Sie probierte verschiedene Zubereitungen aus und bot sie auf dem Markt feil. Ein Prinz war von der neuen Delikatesse begeistert, und als man ihm die Köchin vorstellte, war es bei beiden Liebe auf den ersten Blick. Tatsächlich hat sich dieses Artischockenrezept – wie auch sein Name schon verrät – erst mit jüdischen Einwanderern in Italien verbreitet.

---

8 große runde Artischocken
4 Zitronen, Saft
2½ l Wasser
Samenöl
Salz
Pfeffer aus der Mühle

Artischocken waschen, die äußeren Blätter entfernen. Die obere Blattkrone der Artischocke abschneiden, am besten dort, wo die Blattfarbe von grün zu gelblich wechselt. Stängel abschneiden und schälen. Den Saft von 3½ Zitronen mit 2½ Liter Wasser mischen. Artischocken und Stängel für einige Minuten einlegen. Danach herausnehmen und trocken tupfen. — Ein alter Brauch verlangt, die Artischocken dann in die Hand zu nehmen und sie einmal um die Kante des Tisches zu rollen. Dadurch sollen sich die Fasern (das „Heu") über dem zarten Boden der Artischocke lösen und eine kleine Mulde entsteht. Die gelösten Fasern entfernen und die Mulde mit Salz und Pfeffer würzen. Schneller geht das mit der Zitronenpresse: Artischocken einmal auf der Zitronenpresse drehen, als wären sie Zitronen. Bei der Sorte Cimaroli ist dieser Schritt nicht notwendig, da sie kein Heu hat und sofort gewürzt werden kann. — Artischocken ca. 10 Minuten lang in einem Topf in reichlich Samenöl frittieren. Mit einem Holzspieß immer wieder in die Artischocken stechen, um zu prüfen, ob sie gar sind. Sobald sie weich sind, aus der Pfanne nehmen und abtropfen lassen. Die Blätter öffnen, sodass die Artischocke wie eine Rose aussieht. Alternativ klein schneiden. Mit Salz, Pfeffer und dem Saft der übrigen halben Zitrone abschmecken und sofort warm servieren.

Suppen – Seelenwärmer für jede Jahreszeit

Suppen gehören - außer der Minestrone vielleicht - nicht zu den Exportschlagern der italienischen Küche. Dennoch sind sie aus dieser nicht wegzudenken. Vor allem im nördlichen Teil des Landes findet man eine Fülle an Rezepten: Passatelli in brodo aus der Emilia-Romagna zum Beispiel oder die Pappa al pomodoro aus der Toskana. Suppen wärmen den Magen und das Herz, wie meine Nonna Nina gern sagte.

Im Unterschied zu vielen anderen Küchen Europas werden Suppen in Italien nicht als Vorspeise gereicht. Suppen sind wie Pasta ein *primo piatto*. Wie bei den Vorspeisen kann aber die Suppe auch solo ein Mittag- oder Abendessen ersetzen. Gerade bei den Wintersuppen oder wenn mal wenig Zeit zum Kochen ist, mache ich das gerne.

Italienische Eigenheit: Auf viele Suppen reiben wir Parmesan, Grana Padano oder einen würzigen, gut gereiften Pecorino. In dem Fall sollte man zuvor mit dem Salz eher sparsam umgehen. Auch frische Küchenkräuter der Saison machen sich immer gut auf einer Suppe - und natürlich ein Stück knuspriges Brot dazu.

Bärlauchsuppe

mit Kartoffelchips

Die norditalienischen Wälder sind im Frühjahr voller duftendem Bärlauch. Ich verwende Bärlauch gern zusammen mit Spinat oder Brennnesseln. Im Unterschied zu diesen hat Bärlauch einen starken und intensiven Geschmack. Achte darauf, nur junge und kleine Blätter zu sammeln. Sie sind besser verdaulich, zarter und milder. Trotzdem riechen die Blätter stark nach Knoblauch. Falls nicht, lieber die Finger davon lassen. Es könnten Maiglöckchenblätter sein und diese sind stark giftig.

- **4** große Kartoffeln
- **1** Lauchstange, nur die zarten Blätter
- Olivenöl
- **3** Handvoll frischer Bärlauch
- **3** Handvoll frischer Spinat
- **1 l** Gemüsebrühe
- Salz
- Pfeffer aus der Mühle

Kartoffeln schälen und in dünne Scheiben schneiden. 1 Handvoll Kartoffelscheiben für die Chips zur Seite geben. — Lauch waschen, klein schneiden und in etwas Olivenöl in einem Topf anschwitzen. Bärlauch- und Spinatblätter waschen, trocken tupfen und zerkleinern. Mit den Kartoffelscheiben zum Lauch geben. Kurz anschwitzen, dann mit der Gemüsebrühe aufgießen. Salzen und so lange köcheln lassen, bis die Kartoffeln und das grüne Gemüse weich sind. — Suppe vom Herd nehmen und wenn gewünscht mit einem Stabmixer pürieren. Mit Salz und Pfeffer abschmecken. Hin und wieder verfeinere ich die Suppe mit einem Schuss Sahne. — Vor dem Servieren die zur Seite gelegten Kartoffelscheiben in reichlich Olivenöl goldbraun frittieren. Die Bärlauchsuppe mit den so entstandenen Kartoffelchips garnieren und servieren.

Tipp

Ich serviere meine Suppen gerne mit selbst gemachter Pasta, in diesem Fall in Form von Blumen.

Minestrone

Als Kind liebte ich es, mit Nonna Nina zu kochen. Aber nicht des Kochens wegen, das ich damals eher mühsam fand. Die Nonna lockte uns vielmehr mit ihren Geschichten und hielt uns damit in der Küche gefangen.
Die Geschichte der Minestrone spielt in Zeiten, als Italien noch in viele Königreiche geteilt war. Damals lebte eine schöne, jedoch grantige Prinzessin. Selbst der König hielt es kaum mehr aus und beschloss, seine Tochter dem zur Braut zu geben, der es schaffte, sie zum Strahlen zu bringen. Aus ganz Italien kamen die Prinzen mit Korallenketten, Marmorstatuen und anderen Schätzen. Die Prinzessin blieb unbeeindruckt. Da kam ein Junge aus einem nahe gelegenen Dorf. Er hatte auf dem Weg zum Palast Gemüse und wilde Kräuter gesammelt und wollte für die Prinzessin kochen. Sie war empört und versicherte, dass sie so eine *minestrone* (übersetzt etwa: Durcheinander) niemals essen würde. Der König war belustigt und erlaubte dem Jungen, für den Palast zu kochen. Das ärgerte die Prinzessin noch mehr. Wütend lief sie im Schloss auf und ab – und bekam riesigen Hunger. Denn der Duft der „Mischmasch-Suppe" war verlockend. Wie immer missmutig nahm die Prinzessin am Tisch Platz. Und siehe da, die Minestrone zauberte ein Strahlen auf ihr Gesicht. Die Suppe schmeckte auch dem König und den Prinzen am Tisch, die das Rezept in ihre Reiche mitnahmen.

Am besten schmeckt eine Minestrone, wenn sie aufgewärmt wird. Da sie am nächsten Tag oft schon trüb ist, gare ich kurz vor dem Servieren etwas frisches Gemüse. Damit sieht meine Minestrone wieder prima aus. Ich ändere die verwendeten Gemüse und Kräuter mit der Jahreszeit.

→

In meine Minestrone gehören Nudeln, manchmal auch Reis. Beides koche ich lieber separat und gebe es zum Schluss dazu. So bleibt die Einlage bissfest. Wer es gern deftig mag, kann ein Stück Bauchspeck mitkochen.
Um der Minestrone eine cremige Konsistenz zu verleihen, zerdrücke ich einen Teil der Bohnen mit der Gabel. Der Saft einer halben reifen Zitrone gibt der Suppe ein erfrischendes Aroma und eine angenehme Säure.

---

250 g getrocknete Bohnen (Borlotti)
2 Lorbeerblätter
1 Lauchstange
1 kleine Zwiebel
1 Stange Staudensellerie
2 Karotten
Olivenöl
1 Zucchini
3 große Kartoffeln
300 g Mangold
ca. 1½ l heiße Gemüsebrühe
30 g Parmesan-Rinde
2 Handvoll Paternostri, Stelline oder eine andere *pasta corta*
Salz
Pfeffer aus der Mühle
Parmesan oder Pecorino
frische Petersilie

Bohnen über Nacht in kaltem Wasser einweichen. Am nächsten Tag abseihen, waschen und mit frischem Wasser und den Lorbeerblättern zum Kochen bringen. Bohnen auf kleiner Flamme ca. 1½–2 Stunden zugedeckt weich kochen. Fertige Bohnen vom Herd nehmen und 20 Minuten im Kochwasser ruhen lassen. Abgießen und zur Seite stellen. — Lauch, Zwiebel, Sellerie und Karotten putzen, klein schneiden und in einem großen Topf in etwas Olivenöl erhitzen. Das Gemüse so lange anschwitzen, bis Zwiebel und Lauch weich sind. — In der Zwischenzeit das restliche Gemüse säubern, in kleine Würfel schneiden und zur Minestrone geben. Mit der heißen Brühe aufgießen. Eventuellen Schmutz mit einem Messer von der Parmesan-Rinde entfernen. Dann die Rinde in den Topf zum Gemüse geben. Suppe ca. 20 Minuten köcheln lassen, bis das Gemüse weich, aber noch bissfest ist. Temperatur reduzieren und 10 Minuten köcheln lassen. — Währenddessen die Nudeln nach Packungsanleitung kochen. Die Parmesan-Rinde aus dem Topf nehmen, die Bohnen (wenn gewünscht, teilweise zerdrückt) und die Nudeln zur Minestrone geben. Zum Schluss mit Salz und Pfeffer abschmecken. Die heiße Gemüsesuppe mit reichlich geriebenem Parmesan oder Pecorino, 1 Esslöffel Olivenöl sowie frisch gehackter Petersilie servieren.

Pappa al pomodoro

Im Sommer lasse ich die Tomaten so lange an der Staude reifen, bis die Sonne ihnen Aroma und Süße schenkt. Erst dann sind sie schmackhaft genug für einen frischen Tomatensugo (siehe S. 68) oder für die Pappa al pomodoro.
Das Rezept dieser meist lauwarm servierten Suppe ist denkbar einfach. Sie stammt aus der Toskana, je nach Gebiet kommen aber unterschiedliche Kräuter oder Gemüsesorten in den Topf. Basilikum wird oft durch Nepitella, eine Bergminze, ersetzt. Manche gießen mit klarer Gemüsebrühe statt Wasser auf. Wieder andere ersetzen den Knoblauch durch Zwiebel und Wurzelgemüse. In Siena wird das Brot in Olivenöl geröstet und manchmal noch mit Knoblauch abgerieben, bevor es in die Suppe kommt. Nur zwei Zutaten sind in dieser Tomatensuppe verpönt: gesalzenes bzw. dunkles Brot und Käse.

---

1 kg reife Tomaten
1 Knoblauchzehe
200 g ungesalzenes Weißbrot ohne Rinde
10 Basilikumblätter
Wasser
Salz
Olivenöl
Pfeffer oder Chilipfeffer aus der Mühle

Tomaten 1–2 Minuten in kochendes Wasser tauchen, mit kaltem Wasser abschrecken. Anschließend schälen und klein schneiden. Dabei die Kerne abschütteln. — Knoblauch hacken, Brot in ca. 1 cm große Würfel schneiden und alles mit den Tomaten und den Basilikumblättern in einen Topf geben. Mit Wasser aufgießen, sodass das Gemisch gerade bedeckt ist, und bei schwacher Hitze köcheln lassen. Dabei immer wieder umrühren, bis Tomaten und Brot zerkocht sind und die *pappa* – eigentlich der Ausdruck für Kinderbrei – sämig ist. — Mit Salz abschmecken, eventuell pürieren. Mit frischem Olivenöl und Pfeffer oder Chilipfeffer würzen. Warm bzw. lauwarm genießen.

Tipp
Wenn ich die frischen Tomaten entkerne, bleibt immer viel Saft übrig. Ich siebe ihn durch und biete ihn als erfrischendes Getränk an (siehe S. 231).

Maroni-Linsen-Suppe

In Italien glauben wir fest daran, dass Linsen Glück bringen und gegen Sorgen helfen. Als Papst Pius IX. im Jahr 1870 weder schlafen noch essen wollte, weil die Truppen des jungen Königreichs Italien den Kirchenstaat endgültig erobert und aufgelöst hatten, soll erst eine Linsensuppe ihn über seinen Kummer getröstet haben. Und wer in Italien an Silvester Linsen isst, hat Glück und Geld im neuen Jahr. Vielleicht funktioniert das ja nicht bloß an diesem Tag ...

---

200 g kleinere Linsen (Berglinsen o. a.)
2 Lorbeerblätter
200 g Kartoffeln
200 g gekochte und geschälte Maroni
Olivenöl
½ frische Chilischote
1 Prise Majoran
Pfeffer aus der Mühle
2 EL passierte Tomaten
ca. 250 ml heißes Wasser
Salz
Pecorino
frische Petersilie

Linsen in reichlich ungesalzenem Wasser mit Lorbeerblättern bissfest kochen. Das dauert bei Berglinsen ca. 20–30 Minuten (Packungsanweisung beachten). Nach dem Kochen abtropfen lassen. — Kartoffeln schälen und klein würfeln, große Maroni eventuell zerkleinern. — In einem Topf das Olivenöl erwärmen und mit der Chilischote aromatisieren. Schote wieder entfernen. Majoran in das aromatisierte Olivenöl geben, dann nach und nach die abgetropften Linsen, die Hälfte der Maroni und die Kartoffeln. Alles anschwitzen und nach Belieben mit Pfeffer würzen. Passierte Tomaten und ein Glas heißes Wasser dazugeben, sodass Gemüse und Linsen mit Flüssigkeit bedeckt sind. — Die Suppe köcheln lassen, bis die Kartoffeln weich sind. Wenn gewünscht, eventuell pürieren und nochmals etwas Wasser aufgießen. Suppe mit Salz abschmecken. — Mit Pecorino, gehackter Petersilie und den restlichen, zerkleinerten Maroni servieren.

Passatelli in der Brühe

Dieses Gericht lässt sich im Handumdrehen zubereiten und ist eines der einfachsten Gerichte für *pasta in brodo*, die ich kenne. Einer Legende nach ist der Sohn einer *azdora* – so nannte man die erfahrenen Frauen im Dorf – nach Jahren wieder einmal nach Hause zurückgekehrt. Bei wichtigen Besuchen war es üblich, den Gast mit edler gefüllter Pasta wie Tortellini in brodo zu überraschen. Aber was tun, wenn kein Mehl im Haus ist? Die Mutter mischte, was sie hatte, zu einem Teig: Eier, Grana und Brotbrösel. Der Sohn bekam als Ehrengast die größte Portion der Passatelli-Nudeln. Das neue Gericht schmeckte auch den anderen Gästen und das Rezept machte schnell die Runde.

TEIG

4 Eier
200 g Semmelbrösel
200 g geriebener Parmesan
Muskatnuss
Salz
Pfeffer aus der Mühle

AUSSERDEM

1 l Gemüse- oder Fleischbrühe
Parmesan
frische Petersilie

Eier, Semmelbrösel und Parmesan in einer Schüssel mischen, bis eine gleichmäßige Masse entsteht. Mit frisch gemahlener Muskatnuss, Salz und Pfeffer abschmecken. Wer keine Muskatnuss mag, kann diese durch den Abrieb von 1 Zitrone ersetzen. Zitronenabrieb verleiht den Passatelli eine frische Note. Den Teig 2 Stunden bei Raumtemperatur ruhen lassen und alle 20 Minuten kneten. Dadurch wird er elastisch und die Passatelli zerfallen später nicht beim Kochen. — Die Brühe zum Kochen bringen, die Hitze reduzieren und nun den Passatelli-Teig durch ein Passatelli-Eisen oder eine Spätzle- bzw. Kartoffelpresse (mittelfeiner Siebeinsatz) direkt in die heiße Suppe drücken. Am besten macht man das in 2–3 Durchgängen, da sonst die Suppe zu sehr abkühlt. Passatelli ziehen lassen, bis sie oben schwimmen, dann abschöpfen. In vorgewärmte Teller verteilen. — Die Passatelli erst kurz vor dem Servieren mit Suppe übergießen und mit Parmesan bestreuen. Mit gehackter Petersilie garnieren.

Vegetarische Gerichte

In Italien gehören Nudeln, Nockerl und Reisgerichte zu den klassischen primi piatti. Möchtest du die Gerichte als Hauptspeisen servieren, kochst du einfach eine größere Menge. Damit du den Aufwand in der Küche abschätzen kannst, habe ich die Rezepte dieses Kapitels in einfachere und kompliziertere Gerichte eingeteilt.

Pasta-Regeln

Nudeln sollen immer in viel Wasser kochen. Die Grundregel: Pro 100 Gramm Pasta verwendest du 10 Gramm Salz und 1 Liter Wasser. Die Pasta nach dem Abgießen niemals kalt abschrecken. Das spült die Stärkeschicht ab, die nötig ist, um Soßen gut zu binden. Für eine sämige Konsistenz gebe ich gern einige Esslöffel Nudelwasser zur Soße. Etwas Hartweizenmehl (Durum) im Kochwasser schenkt extra Stärke, etwa bei Fertigpasta und Eiernudeln.
Selbstgemachte Pasta mache ich stets ohne Öl und ohne Salz. Eiernudeln bereite ich oft auf Vorrat zu. Ich breite sie aus und lasse sie ca. 15 Minuten lang antrocknen. Dann sollte die Oberfläche nicht mehr kleben und ich kann sie einfrieren. Die Pasta kommt gefroren in kochendes Wasser, die üblichen 4 Minuten Garzeit beginnen aber erst, wenn das Wasser wieder zu kochen beginnt.

Gnocchi-Geheimnisse

Italienische Gnocchi sollen weich und zart sein. Das Geheimnis liegt darin, so wenig Mehl wie möglich zu verwenden. Dafür gibt man stets nur so viel Mehl zum Teig, bis man das Gefühl hat, dass die Gnocchi zusammenhalten. Ein Prototyp kommt zum Testen ins kochende Wasser. Zerfällt er, muss man die Mehlmenge leicht erhöhen. Hält er, kann man aus dem restlichen Teig Gnocchi rollen und schneiden.

Risotto-Gebote

Rühren oder nicht rühren ist hier die Frage. Tatsächlich darf Risotto auch in Ruhe köcheln. Fängst du aber einmal an zu rühren, musst du weiterrühren. Zur *mantecatura* (etwa: cremig gerührt) trägt nicht bloß das Umrühren bei. Ich verwende dafür tiefgekühlte Butter, die ca. 3 Stunden lang im Gefrierschrank war. Durch den thermischen Schock bildet das Milchfett eine Emulsion. Der Risotto wird einzigartig cremig und bildet auf der Oberfläche eine Welle *(risotto all'onda)*. Butter kann durch Mascarpone ersetzt werden.

Brennnessel-Risotto
mit Spargel

Junge Brennnesseln haben einen kräuterartigen, frischen Geschmack, der wunderbar zu Spargel passt. Außerdem gilt das Wildgemüse heute als Superfood. Du solltest beim Pflücken und Waschen von Brennnesseln unbedingt Handschuhe tragen. Die lästigen Brennhaare kann man außer Gefecht setzen, indem man die Brennnesseln (unter einem Küchentuch) mit dem Nudelholz walkt oder sie heiß abbrüht.

Brennnesseln in leicht kochendem Salzwasser 2 Minuten blanchieren. Abseihen, etwas ausdrücken und fein hacken. — Die Gemüsebrühe aufwärmen. Jungzwiebeln fein hacken und in ca. einem Drittel der Butter weich dünsten. Die Brennnesseln und den Reis dazugeben und unter Rühren leicht anschwitzen. Mit einer Kelle voll Suppe aufgießen. Nun den Risotto fertigkochen, indem die heiße Suppe nach und nach kellenweise dazugegeben wird. Immer wieder umrühren. Der Reis sollte cremig, aber im Kern noch bissfest sein. Je nach Reissorte dauert dies 12–18 Minuten. — In der Zwischenzeit Spargel schälen und holzige Teile entfernen. Spargel ein paar Minuten in kochendem Wasser vorgaren. Abseihen, in 20 Gramm geschmolzener Butter braten und salzen. — Risotto vom Herd nehmen. 80 Gramm Butter und den geriebenen Parmesan gut einrühren. Mit Salz, frisch gemahlenem Pfeffer und dem Abrieb der Zitrone abschmecken und mit dem Spargel anrichten.

100 g Brennnesseln
ca. 700 ml Gemüsebrühe
2 Jungzwiebeln
150 g Butter
300 g Risottoreis
20 Stangen grüner Spargel oder ca. 40 Stangen Wildspargel
Salz
100 g geriebener Parmesan
Pfeffer aus der Mühle
1 unbehandelte Zitrone, Abrieb

Apfel-Walnuss-Risotto

Manchmal muss Kochen nebenbei gehen. Beim Risotto hilft dann der Trick meiner Mamma: Nicht rühren! Denn rührt man einmal im Risotto, muss man ihn bis zum Ende rühren, sonst klebt er auf dem Boden des Topfes an. Mischt man den Reis und die Flüssigkeit (Wasser, Brühe) zusammen, aber rührt nicht, darf man ihn alleine köcheln lassen, bis die Flüssigkeit ganz vom Reis aufgenommen ist.
Bei der schnellen Methode achte ich immer auf das Verhältnis von Reis und Flüssigkeit, bei langen Kernen 1 : 2, bei kleinen runden Kernen 1 : 1,5. Oft verbinde ich diese beiden Varianten der Zubereitung. Ich gebe drei Viertel der Flüssigkeit auf einmal zum Reis, warte, bis sie aufgesogen ist, und dann gieße ich das letzte Viertel Flüssigkeit in kleinen Mengen nach und rühre immer wieder, bis der Reis gar ist.
Dieser fruchtige Risotto ist einer meiner Herbstlieblinge. Kross gebackener Schinkenspeck ist ein toller salziger Kontrast dazu.

---

100 g geschälte Walnüsse
ca. 700 ml Gemüsebrühe
2 süß-säuerliche Äpfel
2 EL Olivenöl
300 g Risottoreis
50 ml trockener Weißwein
20 g Butter
2 Handvoll geriebener Parmesan
Pfeffer aus der Mühle
3 Zweige Zitronenthymian

Nüsse zerkleinern und ohne Fett rösten. Brühe erhitzen. Äpfel schälen, mundgerecht zerstückeln und in Olivenöl anbraten. Reis dazugeben und 1 Minute anschwitzen. Mit Wein ablöschen. Flüssigkeit verdampfen lassen. Mit heißer Suppe aufgießen. Risotto konstant köcheln lassen, immer wieder umrühren bzw. – wenn du die Nicht-rühren-Variante gewählt hast – die Flüssigkeit im Topf kontrollieren und, wenn nötig, etwas aufgießen, bis der Reis gar ist. Das Reiskorn sollte im Kern noch ein wenig Biss haben. — Am Schluss den Risotto mit der Butter und dem Parmesan cremig rühren. Mit Pfeffer aus der Mühle, den gerösteten Nüssen und abgerebeltem Zitronenthymian bestreut servieren.

Fusilli mit Tomatensugo

Dieser Sugo ist nicht bloß ein Liebling der Kinder. Er ist vielfältig einsetzbar und schmeckt auch pur mit frischem Brot oder zu Gnocchi oder Eiernudeln. Die Soße muss eine Zeitlang köcheln, der Aufwand dafür ist aber minimal.
Im Sommer verwende ich frische Tomaten aus dem Garten, im Winter oder wenn es mal flotter gehen muss, Pelati oder Datterini aus der Dose (400 g).

2½ kg reife, schmackhafte Tomaten
1 Zwiebel
1 Zweig Basilikum
50 g Butter oder 3 EL Olivenöl
1 Prise Salz
320 g Fusilli
100 g Parmesan

Tomaten 1–2 Minuten in kochendes Wasser tauchen, mit kaltem Wasser abschrecken, schälen und halbieren. Dabei Kerne und Saft in einer Schüssel auffangen. Tomatenfleisch in grobe Stücke schneiden. Die Zwiebel schälen und halbieren. — Zutaten nun in der folgenden Reihenfolge in den Topf geben und nicht mehr mischen: Tomatenstücke, beide Zwiebelhälften, den Basilikumzweig, Butter und Salz. Die Soße nun zugedeckt und auf sehr niedriger Hitze köcheln lassen, bis die Flüssigkeit weitgehend eingekocht ist. Das kann einige Stunden dauern. Mit Tomaten aus der Dose sollte der Sugo etwa 20 Minuten köcheln. Während des Kochens niemals umrühren, sondern mit einer Messerspitze die Flüssigkeitshöhe überprüfen. (Durch Rühren würde die Flüssigkeit zu früh verdampfen, die Soße könnte „anhocken".) — Die Fusilli bissfest kochen. — Die Zwiebel und den Basilikumzweig aus der Soße entfernen und die Nudeln in der Soße wenden. Mit Parmesan bestreut servieren. Wer Basilikum gerne mag, kann zusätzlich noch frisches, gehacktes Basilikum darübergeben.

Tipp

Wenn ich die frischen Tomaten entkerne, bleibt immer viel Saft übrig. Ich siebe ihn durch und biete ihn als erfrischendes Getränk an (siehe S. 231).

Bavette mit Minze-Basilikum-Pesto
und gebackenem Ricotta

Wenn ich meine Familie oder Gäste mal mit einer ganz besonderen Pasta überraschen möchte, bereite ich dieses Rezept zu. Dafür verwende ich lange Nudelsorten wie Bavette, Bucatini oder Spaghetti. Wenn ich die Zeit dafür habe, dann serviere ich diese Soße mit selbst gemachten Spaghetti alla chitarra. Diese extravaganten, eckigen Nudeln aus den Abruzzen kann man auch als Fertigteigware kaufen, manchmal sogar als frische Pasta. Bei frischer Pasta dauert das Kochen nur ca. 3 Minuten.

PESTO
60 g Pistazien oder Pinienkerne
1 kleiner Bund Minze
1 kleiner Bund Basilikum
½ Zitrone, Saft und Abrieb
ca. 120 ml Olivenöl
Salz

AUSSERDEM
250 g Schafsricotta oder Schafskäse
1 unbehandelte Zitrone, Abrieb
1 frische Chilischote
1 TL flüssiger Honig
320 g Bavette

Pistazien bzw. Pinienkerne ohne Fett rösten. Minz- und Basilikumblätter abzupfen, Zitrone auspressen. Alles mit dem Olivenöl im Mixer oder mit dem Stabmixer zu einem Pesto mixen. Den Pesto mit Salz abschmecken.
— Ofen auf 200 °C (Ober-/Unterhitze) vorheizen, Backblech mit Backpapier auslegen. Den Ricotta in kleine Stücke reißen und darauf verteilen. Zitronenschale darüber abreiben, mit fein gehackter Chilischote bestreuen und mit Honig beträufeln. 10 Minuten im heißen Ofen goldbraun karamellisieren.
— Währenddessen reichlich Wasser zum Kochen bringen, salzen und die Bavette darin bissfest kochen. Beim Abseihen etwas Nudelwasser auffangen. Bavette mit dem Pesto und dem gebackenen Ricotta mischen. Sind die Nudeln zu trocken, 1–2 Esslöffel Nudelwasser zugeben. — Vor dem Servieren mit etwas geriebener Zitronenschale und Olivenöl verfeinern.

Spaghetti alla Nerano

Wir schreiben die 1950er-Jahre. In ihrem kleinen *ristorante* in der Bucht von Nerano serviert Maria Grazia ihren Gästen Spaghetti mit Zucchini. Aber sie bereitet die Pasta nicht wie in Kampanien üblich mit Pecorino zu, sondern mit Provolone, dem halbharten Käse aus frischer Kuhvollmilch, der typisch für das Gebiet um Sorrent ist. Durch den Käse werden die Spaghetti himmlisch cremig. Und niemand traut sich mehr, sie *pasta con zucchine* zu nennen. Der Name wäre einfach zu gewöhnlich für ein solches Geschmackserlebnis.

---

4 kleine, feste Zucchini
Olivenöl
1–2 Zweige frisches Basilikum
Salz
320 g Spaghetti o. Ä.
1 Knoblauchzehe
200 g Provolone

Zucchini in dünne Scheiben schneiden und in reichlich Olivenöl einige Minuten goldbraun anbraten. Basilikum waschen. Die Hälfte der Zucchini mit der Hälfte des Basilikums cremig mixen. — Reichlich Wasser zum Kochen bringen, salzen und die Spaghetti darin bissfest kochen. Wenn die Nudeln fast gar sind, den Knoblauch schälen, Zehe leicht andrücken und in etwas Öl in einer großen Pfanne sanft anschwitzen. Knoblauch wieder entfernen, die übrigen Zucchinischeiben zum Aufwärmen in die Pfanne geben. — Nudeln abseihen. Dabei 1 Glas Nudelwasser auffangen. Die Pasta gleich zu den Zucchinischeiben in die Pfanne geben und 1 Minute mitbraten. Hitze reduzieren.
— Den Provolone reiben und mit den pürierten Zucchini mischen – wenn ich keinen Provolone habe, verwende ich Pecorino, am besten einen ganz jungen. Etwas heißes Nudelwasser dazugeben, bis die Soße eine cremige Konsistenz hat. Mit Salz abschmecken. Nun die Spaghetti und Zucchinischeiben mit der Soße vermischen. Mit Basilikum garniert servieren.

Pasta alla Norma

Auf Sizilien wird erzählt, dass die Erfinderin dieses Gerichtes Donna Saridda D'Urso aus Catania war. An einem Abend im Jahr 1920 waren einige Prominente aus der Stadt in ihrem Haus eingeladen, darunter Schauspieler, Journalisten, Dichter und der Regisseur und Schriftsteller Nino Martoglio, der weithin als Feinschmecker bekannt war. Als Donna Saridda ihre selbstgemachte Pasta mit der Soße aus frischen Tomaten und Melanzani auftischte und Martoglio probierte, soll er ausgerufen haben: *„Donna Saridda, chista é 'na vera Norma!"* Frau Saridda, dies ist eine echte „Norma"! Alle waren sich einig, dass dieses Gericht wie Vincenzo Bellinis berühmte Oper ein wahres Meisterwerk ist.

SOSSE

2 kleine Melanzani
Salz
400 g Tomaten in Stücken (*polpa di pomodoro*, Dose)
frisches Basilikum
2 Knoblauchzehen
Olivenöl

AUSSERDEM

320 g Penne, Busiate oder eine andere *pasta corta*
reichlich Samenöl zum Frittieren
200 g gesalzener Schafsricotta

Melanzani in ca. 1½ cm große Würfel oder in ca. 1 cm dicke Scheiben schneiden. Die Melanzani mit reichlich Salz bestreuen und etwa 30 Minuten in einem Sieb abtropfen lassen (das Salz entzieht das Wasser). Vor dem Braten mit Küchenpapier trocken tupfen. — Tomaten, Basilikum und geschälte Knoblauchzehen auf niedriger Flamme ca. 20 Minuten zugedeckt köcheln lassen. Vom Herd nehmen, die Knoblauchzehen entfernen und die Soße durch ein Sieb passieren. Die Tomatensoße weitere 15 Minuten köcheln lassen, bis sie cremig eingedickt ist. Salzen und mit frischen Basilikumblättern und einem kleinen Schuss Olivenöl aromatisieren. — Reichlich Wasser zum Kochen bringen, salzen und die Nudeln darin bissfest kochen. — Währenddessen Melanzani in reichlich heißem Öl goldbraun frittieren, herausnehmen und auf Küchenpapier legen. Ein paar Esslöffel Nudelwasser in die Tomatensoße einrühren. — Nudeln abseihen, mit der Soße vermengen und auf Tellern mit den Melanzanischeiben oder -würfeln und reichlich geriebenem Ricotta anmachen. Mit einem Schuss Olivenöl und ein paar frischen Basilikumblättern garnieren.

Eier im Fegefeuer

***Ova 'mpriatorio* heißt dieses bäuerliche Gericht** im neapolitanischen Dialekt. Als Neapel das letzte Mal von einer großen Pestepidemie heimgesucht wurde, suchten die Menschen Zuversicht in Gebeten. Aber die Seuche wütete weiter. In dieser Not entstand der Brauch *„a refrische 'e ll'anime d'o priatorio"*: Totenschädel wurden mit Blumen geschmückt und weich gebettet. Der Brauch sollte den Seelen der Verstorbenen Erleichterung verschaffen - und als Gegenleistung sollten sie bei Gott ein gutes Wort für die noch Lebenden einlegen. Die „Eier im Fegefeuer" *(uova in purgatorio)* symbolisieren diese Geschichte zwischen Himmel und Hölle, wobei das Eiweiß für die reine Seele steht, die rote Soße für das Fegefeuer.

---

1 Zwiebel
Olivenöl
400 g Tomaten in Stücken (*polpa di pomodoro*, Dose)
Salz
Pfeffer aus der Mühle
8 Eier
Pecorino oder Parmesan
Basilikum, Schnittlauch oder Petersilie
Weißbrot

Zwiebel fein schneiden, im Olivenöl goldbraun anbraten, am besten in einer Pfanne mit Deckel. Stückige Tomaten dazugeben und 10 Minuten zugedeckt köcheln lassen. Die Soße soll so dickflüssig sein, dass man für die Eier mit einem kleinen Schöpflöffel Mulden formen kann. Soße mit Salz und Pfeffer abschmecken. — Nun die Eier nacheinander aufschlagen, eine Mulde in die Soße drücken und die Eier hineingleiten lassen. Temperatur reduzieren. Deckel auf die Pfanne geben und die Eier wenige Minuten garen. Das Eiweiß sollte fest sein, der Dotter heiß, aber noch weich. — Mit geriebenem Käse und Kräutern bestreut servieren. Dazu wird Brot gereicht. Man verwendet das Brot als Löffel, denn meist werden die Eier im Fegefeuer direkt aus der Pfanne gegessen.

Zucchini-Hirse-Frittata

Als die Genueser im Jahr 1378 Venedig belagerten, soll es die mit Hirse gefüllte Kornkammer der Lagunenstadt gewesen sein, die die Bewohner vor dem Verhungern rettete. Das einst so wichtige - übrigens glutenfreie - Getreide geriet dann weitgehend in Vergessenheit, bis es im 20. Jahrhundert wieder in Mode kam. Vegetarier schätzen es als Protein- und Eisenquelle. Ich mag den neutralen und milden Geschmack, den ich sowohl mit herzhaften als auch süßen Zutaten kombinieren kann. Ich esse diese Frittata auch sehr gerne mit Quinoa.

---

50 g Goldhirse
2 kleine Zucchini
Olivenöl
Salz
3 Eier
100 g geriebener Parmesan
Pfeffer aus der Mühle

AUSSERDEM
gesalzener Schafsricotta (oder Feta)
gemischte Kräuter

Goldhirse heiß abspülen, um den bitteren Geschmack zu neutralisieren. Nach Packungsanleitung weich kochen und abkühlen lassen. Wenn man die Hirse zuvor einweicht, verkürzt sich die Kochzeit. Die Hirse kann auch gut am Vortag zubereitet werden. — Zucchini waschen. Einen Zucchini in Scheiben schneiden. In einer Pfanne mit etwas Olivenöl anbraten. Leicht salzen und zur Seite geben. Den zweiten Zucchini reiben. In einer Schüssel die Eier leicht verquirlen. Den geriebenen Parmesan sowie die geriebenen Zucchini untermengen. — Die ausgekühlte Goldhirse in die Masse mischen. Mit Salz und Pfeffer abschmecken. — Eine große beschichtete Pfanne leicht mit Olivenöl einfetten und die Eier-Zucchini-Hirse-Mischung darin bei ganz niedriger Hitze garen. Achtung: Die Frittata nicht wenden! Die Speise ist fertig, wenn bei leichter Bewegung der Pfanne nichts mehr wackelt bzw. das Ei auch an der Oberfläche gestockt ist (nach ca. 10–15 Minuten). — Die Frittata ein paar Minuten zugedeckt ruhen lassen, dann einen großen Teller auf die Pfanne legen und die Frittata darauf stürzen. Den Schafsricotta darüberstreuen, die gebratenen Zucchinischeiben darauflegen und mit einem grünen Salat warm oder kalt servieren.

Zweifarbige Agnolotti

mit Walnussfülle und Selleriecreme

Wie andere *pasta ripiena*, gefüllte Teigtaschen, entstanden auch die Agnolotti einst als Resteverwertung. In Teig und Fülle kam, was vom Vortag übriggeblieben war. Das mache ich auch. Wenn ich etwa Rote Bete oder Karotten übrighabe, verarbeite ich ihren Saft anstelle des Wassers im Teig. (Wer keinen Entsafter hat, kann den Rote-Bete- und Karottensaft auch kaufen.) Das ergibt einen richtigen Hingucker auf dem Teller, vor allem wenn die Pasta zweifarbig ist. Grundsätzlich ist diese hausgemachte, gefüllte Pasta heute meistens ein Sonntagsessen.

TEIG

280 g Weizenmehl (AT: W480, D/CH: 405 I: 00)

120 g Hartweizenmehl (Durum)

100 ml Rote-Bete-Saft (alternativ Wasser)

100 ml Karottensaft (alternativ Wasser)

FÜLLE

1 kleiner Apfel

150 g grob gehackte Walnüsse

60 g Weichkäse (Gorgonzola, Ricotta o. Ä.)

60 g geriebener Parmesan

Mehlsorten gut mischen, in 2 Hälften teilen. Die eine Hälfte mit dem Rote-Bete-Saft, die andere mit dem Karottensaft vermengen. Die Teige kräftig kneten, bis sie glatt sind. Abgedeckt 30 Minuten kühl ruhen lassen. — Für die Fülle den Apfel schälen und zerkleinern. Dann mit den Walnüssen und dem Käse mixen, bis eine glatte Masse entsteht. — Nudelteige ca. 3 mm dünn auswalken und in etwa 8 × 30 cm große Streifen schneiden. Die Fülle im Abstand von ca. 3 cm auf die Teigmitte portionieren, jede Portion sollte ca. haselnussgroß sein. Teigstreifen in der Mitte umschlagen, sodass sie nur noch ca. 4 cm breit sind. Rund um die Fülle jeweils fest andrücken. Falls der Teig nicht gut klebt, mit wenig Wasser anfeuchten. Mit einem Teigschneider die einzelnen Agnolotti abtrennen und auf ein bemehltes Geschirrtuch legen. — Für zweifarbig gestreifte Agnolotti schneidest du einen der beiden Teige, wie oben beschrieben, in etwa 8 × 30 cm große Streifen. Den anderen Teig schneidest du nach dem Ausrollen in 1 cm breite Tagliatelle. Diese legst du in regelmäßigen Abständen auf den breiten Teig und drückst sie leicht an. Am besten den breiten Teigstreifen zuvor mit etwas Wasser anfeuchten, dann kleben die Tagliatelle gut.

→

SELLERIECREME

50 g Sonnenblumenkerne
200 g Sellerieknolle
300 g Karotten
1 Apfel
ca. 3 EL Wasser
Olivenöl
1 Handvoll geriebener Parmesan
Salz

AUSSERDEM

frische Kräuter
geriebener Parmesan

Nun musst du den zweifarbigen Teig vorsichtig umdrehen, damit die Streifen auf der Arbeitsfläche nach unten zeigen. Die Fülle muss nämlich auf die einfarbige Seite des Teiges portioniert werden. Das Umdrehen funktioniert am besten mit einem breiten Messer oder einem Tortenheber. Die Agnolotti füllen und fertigstellen wie oben beschrieben. — Für die Selleriecreme Sonnenblumenkerne rösten und fein hacken. Sellerieknolle, Karotten und Apfel schälen, klein schneiden und mit wenig Wasser in einem Topf weich kochen. Mit einem Stabmixer zu einer cremigen Konsistenz pürieren. Sonnenblumenkerne zugeben. Mit Olivenöl, geriebenem Parmesan und Salz würzen. Warm stellen. — Nun reichlich Wasser zum Kochen bringen und salzen. Dann die Temperatur reduzieren und die Agnolotti 3-4 Minuten darin ziehen lassen. Die Agnolotti aus dem Wasser nehmen, auf Tellern anrichten und die Selleriecreme darübergeben. Mit frischen Kräutern und Parmesan anrichten.

U.S.A. PATENTS
2 271 173
2 502 867

Kürbis-Cappellacci
mit Safran

Die Cappellacci sind eine Spezialität aus Ferrara in der Emilia-Romagna, die gern zu besonderen Anlässen aufgetischt wird. Traditionell werden Kürbis-Cappellacci nicht mit Safranteig zubereitet. Dafür versüßt man die Fülle oft mit Amaretti-Keksen und Mostarda, einer pikant mit Senf eingemachten Fruchtmarmelade. Die erste Erwähnung von mit Kürbis gefüllten Teigtaschen aus der Region datiert ins Jahr 1584. Damals kam neben Pfeffer auch Ingwer in die Fülle. Ein toller Kontrast zum süßlichen Kürbis, den du unbedingt mal ausprobieren solltest.

Ihre typische Form bekamen diese Teigtaschen aber erst im Jahr 1870. Damals trieb eine Banditenbande ihr Unwesen in der Provinz, ging der Polizei aber immer wieder durch das Netz. Der zerknautschte Hut *(cappellaccio)*, den jeder Räuber trug, war ihr Markenzeichen. Einer der Gendarmen, die die Banditen fangen sollten, war beim Zubereiten seiner Tortelli so in „kriminelle" Gedanken versunken, dass er aus dem Teig Räuberhüte statt der üblichen runden Pasta formte.

TEIG

300 g Weizenmehl (AT: W480, D/CH: 405, I: 00)
3 Eier
1 TL Safranfäden

Mehl auf der Arbeitsfläche anhäufen und in der Mitte eine Mulde formen. Eier und Safran in die Mulde geben und mit dem Mehl vermengen. Ca. 10 Minuten durchkneten, bis ein glatter Teig entsteht, zudecken und 30 Minuten ruhen lassen (kühl, aber niemals in den Kühlschrank geben). — Ofen auf 180 °C (Ober-/Unterhitze) vorheizen. Den Kürbis waschen, teilen und entkernen. Kürbis samt Schale in gleichmäßige Spalten schneiden. Ein Blech mit Backpapier auslegen. Papier mit Speisesalz bedecken. Die Kürbisspalten nun mit der Schale nach unten auf das Salz stellen. Das Salz sollte nur die Schale des Kürbisses, nicht aber das Fleisch berühren. Kürbis auf unterster Schiene in den Ofen schieben. Dort bleibt er, bis das Salz leicht bräunt und sein Fleisch weich ist. Dann hat der Kürbis den

FÜLLE
ca. 450 g gelbfleischiger Kürbis
Salz
Muskatnuss
Pfeffer aus der Mühle
200 g geriebener Parmesan

AUSSERDEM
120 g Butter
3–4 Salbeiblätter
Parmesan

Großteil seiner Feuchtigkeit ans Salz abgegeben. — Kürbis aus dem Ofen nehmen auskühlen lassen und mit einem Löffel von der Schale lösen. Beim Auslöffeln entsteht eine Art Brei. Diesen mit Muskatnuss und Pfeffer abschmecken. Parmesan mit einer Gabel gut untermischen. Eventuell etwas salzen. Zudecken und rasten lassen. Ist das Kürbisfleisch sehr nass, sollte man es vor dem Abschmecken mehrere Stunden in einem Sieb abtropfen lassen. — Den Nudelteig dünn ausrollen und in Quadrate von ca. 6 cm Seitenlänge schneiden. In die Mitte jeweils etwas Fülle geben, den Teig in der Hälfte so umschlagen, dass Dreiecke entstehen und die Ränder um die Fülle andrücken. Sollte der Teig zu trocken sein, befeuchte die Ränder mit einem nassen Pinsel. Jetzt die zwei äußeren Spitzen des Dreiecks verbinden und zusammendrücken: Fertig ist der Räuberhut. Alternativ zu den Quadraten kannst du mit runden Ausstechern Kreise ausstechen, sie zu Halbmonden zusammenlegen und diese nach demselben Prinzip zu „Hüten" falten. — Reichlich Wasser zum Kochen bringen und salzen. Die Temperatur reduzieren, sodass das Wasser leicht köchelt. Die Cappellacci darin 3-4 Minuten ziehen lassen und abschöpfen. Butter schmelzen, die Salbeiblätter darin anbraten und die Cappellacci in der Salbeibutter schwenken. Mit Parmesan servieren.

HINWEIS
Bei diesem Rezept hilft dir ein Video auf meinem Blog
a-modo-mio.at/buch-videos

Pizzoccheri
mit Kichererbsen-Spinat-Creme

Diese typische Pasta aus dem norditalienischen Veltlin kombiniere ich hier mit einer Creme aus Kichererbsen und Spinat. Das Besondere an den Pizzoccheri ist das Buchweizenmehl. Traditionell wird es im Verhältnis 10 : 1 mit Weizenmehl vermischt, was den Teig sehr bröselig macht. Ich nehme etwas mehr Weizenmehl – so kriege ich einen geschmeidigen Teig hin, der gut zu verarbeiten ist.

Buchweizen- und Weizenmehl vermengen, auf die Arbeitsfläche geben, eine kleine Mulde formen. Wasser zugeben und zu einem Teig verkneten. Den glatten, geschmeidigen Teig zu einer Kugel formen. Den Teig sowie die Arbeitsfläche leicht mit Buchweizenmehl bestäuben. Mit einem Nudelholz 2–3 mm dünn auswalken. Den Teig in 7 cm lange und 1 cm breite Bandnudeln (Pizzoccheri) schneiden. — Für die Creme alle Zutaten in einem Mixer so lange zerkleinern, bis eine Paste entsteht. Mit Salz abschmecken. — Kartoffeln in Salzwasser weich kochen, schälen und in Stücke schneiden. — Reichlich Wasser zum Kochen bringen und salzen. Die Pizzoccheri darin 3–4 Minuten kochen und abschöpfen. — Pizzoccheri in einer Pfanne mit den Kartoffeln und der Creme vermischen. Mit etwas Olivenöl verfeinern und servieren.

TEIG

400 g Buchweizenmehl
100 g Weizenmehl (AT: W480, D/CH: 405, I: 00)
285 ml warmes Wasser (ca. 50 °C)

KICHERERBSEN-SPINAT-CREME

300 g frischer Babyspinat
1 kleiner Bund Petersilie
100 g vorgekochte Kichererbsen
4 EL geriebener Parmesan
80 g geschälte und geröstete Haselnüsse
4 EL Olivenöl
1 Prise Salz

AUSSERDEM

4 Kartoffeln

Basilikum-Spätzle
mit Haselnusspesto

Diese Kräuterspätzle aus Trentino-Südtirol sind ein Allrounder fürs ganze Jahr. Je nach Saison verwende ich statt Basilikum andere frische Kräuter wie Petersilie, Minze, Spinat, Winterportulak, Malvenblätter oder Kerbel, solo oder gemischt. Das Salz im Teig verhindert, dass das Basilikum braun wird. Falls du einen Mixer statt des Mörsers für den Pesto verwenden willst, schalte das Gerät immer wieder aus. Basilikum kann sich auch durch Wärme verfärben.

Für den Teig Basilikumblätter waschen und mit Eiern, Wasser, Olivenöl und Salz fein mixen. Das Mehl in eine Schüssel geben, die Basilikum-Mixtur nach und nach zugießen und zu einem glatten Teig verrühren, bis er Blasen wirft. — Für den Pesto Haselnüsse mit einer Prise Salz ohne Fett rösten. Auskühlen lassen. Basilikum und Haselnüsse in einem Mörser so lange zerdrücken, bis eine Paste entsteht. Parmesan und Olivenöl dazugeben und gut vermischen. — Reichlich Wasser zum Kochen bringen und salzen. Mit dem Spätzlehobel den Teig nun portionsweise ins kochende Wasser hobeln, umrühren und die Spätzle einmal aufkochen lassen. Spätzle mit der Schaumkelle herausnehmen und gut abtropfen lassen. Spätzle mit dem Pesto mischen und warm servieren.

TEIG

1 kleiner Bund Basilikum
2 Eier
200 ml Wasser
2 EL Olivenöl
1 Prise Salz
300 g Weizenmehl (AT: W480, D/CH: 405, I: 00)

PESTO

1 Handvoll geschälte Haselnüsse
1 Prise Salz
50 g Basilikum
40 g geriebener Parmesan
Olivenöl

Strangolapreti

mit Malvenblättern

Strangolapreti heißt übersetzt in etwa „Priesterwürger". Und so sollen die kleinen Nocken zu ihrem Namen gekommen sein: Früher war es vielerorts Brauch, dass die Frauen der Gemeinde nach der Sonntagsmesse abwechselnd den Priester zum Mittagessen einluden. Bei Tisch bekam der Gottesmann die größte Portion zugewiesen, die normalerweise dem Hausherrn zustand. Da mag es den einen oder anderen gegeben haben, der dem Priester wünschte, bei seinem nächsten Bissen zu ersticken.

---

250 g harte Weißbrotwürfel
ca. 300 ml Milch
250 g frische Malvenblätter
Salz
30 g Butter
2 Eier
100 g geriebener Parmesan
100 g Weizenmehl (AT: W480, D/CH: 405, I: 00)
Muskatnuss

AUSSERDEM
120 g Butter
3–4 Salbeiblätter
geriebener Parmesan

Brotwürfel in eine Schüssel geben. Milch erwärmen und über das Brot gießen, sodass es leicht bedeckt ist. Ziehen lassen, bis es weich ist. — Malvenblätter in gesalzenem Wasser 2–3 Minuten blanchieren, ausdrücken und fein hacken. Anschließend in Butter andünsten. Malvenblätter mit Eiern, Parmesan und Mehl unter das Brot mischen. Masse mit Salz und frisch geriebener Muskatnuss kräftig abschmecken und 10 Minuten ziehen lassen. — Reichlich Wasser zum Kochen bringen und salzen. Temperatur reduzieren, sodass es leicht köchelt. Aus der Teigmasse mit den Händen kleine Knödel rollen oder mit 2 Teelöffeln Nocken ausstechen. Ins köchelnde Wasser geben und ziehen lassen. Die Strangolapreti mit der Schaumkelle aus dem Wasser nehmen, sobald sie an der Oberfläche schwimmen. — Butter schmelzen und darin die Salbeiblätter anbraten. Die gekochten Strangolapreti darin schwenken. Mit viel Parmesan servieren.

Tipp

Je nach Jahreszeit verwende ich unterschiedliche Kräuter. Neben Malvenblättern mache ich die Strangolapreti gern mit jungem Bärlauch, Brennnesseln, Mangold (nur den Blättern), Grün- oder Schwarzkohl, Spinat oder Karottengrün.

Parmigiana di melanzane

Die Parmigiana di melanzane gehört zu den Klassikern der süditalienischen Gemüseküche. Traditionell werden die Melanzani in Öl frittiert. Manchmal mag ich das Rezept aber gern weniger üppig und backe sie im Ofen. Auch so schmeckt dieser Auflauf einfach unwiderstehlich.

---

2 große Melanzani
ca. 400 g Mozzarella
1 Bund Basilikum
1 Knoblauchzehe
500 g passierte Tomaten
Salz
Olivenöl
ca. 200 g frisch geriebener Parmesan

Melanzani waschen, trocknen und in ca. 5 mm dicke Scheiben schneiden. Diese mit reichlich Salz bestreuen und in einem Sieb 30 Minuten austropfen lassen (das Salz entzieht das Wasser). Mozzarella in Scheiben schneiden und auf einem leicht geneigten Teller abtropfen lassen. — Backofen auf 200 °C (Ober-/Unterhitze) vorheizen. — Basilikumblätter abzupfen, Knoblauch schälen. Die passierten Tomaten mit der ganzen Knoblauchzehe und der Hälfte der Basilikumblätter in einem Topf bei mittlerer Hitze ca. 15 Minuten einkochen. Knoblauchzehe aus der Soße entfernen, mit Salz und Olivenöl abschmecken. — Währenddessen die Melanzani trocken tupfen und im Ofen ohne Fett ca. 20 Minuten backen. Am besten gelingt das auf einem Gitter. Ein Backblech mit etwas Wasser darunterstellen, um die abtropfende Flüssigkeit der Melanzani aufzufangen. — Den Boden einer ofenfesten Auflaufform (ca. 18 × 25 cm) mit etwas Tomatensoße bedecken. Form mit Melanzanischeiben auslegen, mit Tomatensoße und Mozzarella bedecken, mit Parmesan bestreuen und mit Basilikumblättern aromatisieren. Für eine weitere Schicht wiederum mit den Melanzanischeiben beginnen und alle Zutaten abwechselnd in der genannten Reihenfolge einlegen. Mit Parmesan abschließen. — Im vorgeheizten Ofen auf der mittleren Schiene bei 180 °C (Ober-/Unerhitze) ca. 30–40 Minuten goldbraun backen. Vor dem Servieren lange ruhen lassen. Lauwarm oder auf Raumtemperatur abgekühlt genießen.

Herzhafter Kuchen
mit Sommertomaten

Ein wunderbarer Sommerkuchen fürs Gartenbuffet oder leichte Abendessen. Im Winter ersetze ich den Großteil der Tomaten durch Artischocken. Davor putze ich die Artischocken, schneide sie in dünne Scheiben und brate sie in einer Pfanne mit Olivenöl und Salz an. Die Artischocken sorgen für den Geschmack, die Tomaten für Farbe.

Alle Zutaten für den Teig schnell verkneten und zu einer glatten Kugel formen. Teig 30 Minuten kühl rasten lassen. Backofen auf 180 °C (Ober-/Unterhitze) vorheizen. Teig in eine Kuchenform (ø 24 cm) drücken, dabei einen ca. 3 cm hohen Rand formen. Teigboden mit einer Gabel mehrmals einstechen. — Für den Belag zerbröselten Ricotta, Parmesan, Eier und Salz in einer Schüssel mischen, auf den Teigboden geben und glatt streichen. Die Tomaten waschen, trocknen und auf dem Belag verteilen (große Tomaten halbieren). Mit den abgezupften Kräutern, etwas Öl und Salz marinieren.
Die Torta salata nun in den Ofen schieben und ca. 40 Minuten backen. — Vor dem Servieren mit gehacktem Basilikum und reichlich Pfeffer bestreuen.

TEIG
250 g Mehl
4 EL Olivenöl
1 Prise Salz
150 ml sehr kaltes Wasser

BELAG
500 g Ricotta
100 g geriebener Parmesan
2 Eier
1 kräftige Prise Salz

AUSSERDEM
300 g Tomaten und Kirschtomaten
je 2 Zweige Thymian und Majoran
Olivenöl
Salz
1 Handvoll Basilikumblätter
Pfeffer aus der Mühle

Überbackene Polenta
mit Asiagokäse und Pilzen

Als ich ein Kind war, kochten wir die Polenta über offenem Feuer. Das dauerte bei ständigem Rühren etwa 45–50 Minuten. Erst danach löste sie sich vom Rand des Kupferkessels und bildete eine Kruste. Heute verwenden selbst viele Profiköche die sogenannte „Minuten-Polenta", die vorgekocht und wieder getrocknet ist. Super, wenn es schnell gehen soll! Ich nehme gern den feinen Maisgrieß, der gute 10 Minuten köcheln und etwas nachquellen muss. Aber eins bleibt immer gleich: Je mehr Maisgrieß man verwendet, desto kompakter wird die Polenta.

---

ca. 1 l Wasser
1 TL grobes Salz
ca. 300 g feiner Maisgrieß
Olivenöl
700 g gemischte Pilze (Steinpilze, Pfifferlinge u. a.)
1 Knoblauchzehe
Salz
Pfeffer
1 kleiner Bund Petersilie
400 g Asiago (oder ein anderer gut schmelzender Käse, z. B. Fontina)

Wasser zum Kochen bringen und salzen. Maisgrieß in das Wasser einrieseln lassen (eventuell die Wassermenge an die Packungsanweisung anpassen). 1 Esslöffel Olivenöl dazugeben, dadurch wird die Polenta verdaulicher. Sobald die Masse zu köcheln beginnt, den Maisgrieß mit einem Kochlöffel ständig von unten nach oben rühren, bis die Polenta cremig ist. Für die Garzeiten konsultiert man am besten die Packungsanweisung. — Backofen auf 180 °C (Ober-/Unterhitze) vorheizen. — Pilze mit einem feuchten Tuch und Messer putzen, sie sollten nicht gewaschen werden. Pilze in Scheiben schneiden bzw. kleinere Exemplare halbieren. Knoblauchzehe schälen und mit Olivenöl in einer breiten Pfanne erhitzen. Pilze hinzufügen. Zugedeckt bei niedriger Hitze ca. 15 Minuten braten. Mit Salz und Pfeffer abschmecken. Knoblauchzehe entfernen. Nach Belieben frisch gehackte Petersilie dazugeben. — Warme Polenta in eine Auflaufform (ø 24 cm) füllen, mit dem zerstückelten Asiago bedecken. Im vorgeheizten Backrohr überbacken, bis der Käse geschmolzen ist. Mit den Pilzen belegen und heiß servieren.

Gerichte mit Fisch und Fleisch

Fleisch- und Fischgerichte werden in Italien als *secondi piatti,* als zweite Hauptspeise serviert. Bei uns zu Hause kommen sie normalerweise am Sonntag und an Feiertagen auf den Tisch, oder wenn wir Gäste haben. Erst vor Kurzem ist mir bewusst geworden: Damit setze ich im Prinzip die Tradition meiner Eltern und Großeltern fort – nämlich die des Sonntagsbratens! So bleiben diese Gerichte, von denen ich viele aus den Rezeptsammlungen meiner Familie übernommen habe, stets mit etwas Besonderem verbunden.

Ich liebe diese Rezepte heute noch so, wie ich sie als Kind geliebt habe. Vielleicht ist ja auch ein neues Lieblingsgericht für jemanden in deiner Familie dabei. Mein Tipp für Vegetarier und Flexitarier: Einige dieser Rezepte schmecken auch ohne Fleisch wunderbar. So gibt es bei uns zu Hause statt Kalbsrouladen manchmal Melanzaniröllchen mit Pinienkernen und Pistazien und statt dem Fleischragout für die Lasagne koche ich hin und wieder einen Sugo mit Linsen und Gemüse.

Die Rezepte gelingen einfach immer, denn sie sind nicht kompliziert. Sehr wichtig ist bei Fleisch, Fisch und speziell bei Muscheln, auf Qualität und Frische zu achten. Wahre Meister im Fischgrillen kommen übrigens aus der Emilia-Romagna. Um zu vermeiden, dass der Fisch beim Grillen austrocknet, wird er nach dem Würzen mit Salz und Pfeffer etwa 2 Stunden in eine Marinade aus Olivenöl, Zitronensaft, Rosmarin und Semmelbrösel gelegt. Die Fische kommen dann mit der Marinade auf den Grill und werden wundervoll saftig.

Impepata di cozze

Ferdinand I. von Bourbon, der König beider Sizilien, liebte es, im Golf von Neapel zu angeln. Miesmuscheln mochte er aber noch lieber als Fisch. Wie alle Gerichte am Hof waren auch die Muscheln äußerst aufwendig zubereitet. Da der König selbst zur strengsten Fastenzeit nicht auf seine Leibspeise verzichten wollte, hielt er seine Köche an, einfache Muschelrezepte zu kreieren. Das war der Ursprung der Impepata di cozze, der „gepfefferten" Muscheln. In Apulien (Taranto) verfeinert man das Rezept mit Tomatensoße und scharfem Chili.
Frische Muscheln duften nach Meer und Algen. Riechen die Schalentiere unangenehm oder gar leicht stechend nach Ammoniak – der Geruch entsteht, wenn Eiweiß verwest –, gehören diese Muscheln unbedingt aussortiert.

---

2 kg lebende Miesmuscheln in der Schale
1 Knoblauchzehe
Olivenöl
100 ml trockener Weißwein
Pfeffer aus der Mühle
1 kleiner Bund Petersilie
1 Zitrone

Kaputte und offene Muscheln gleich aussortieren. Bei den anderen die Geruchsprobe machen. Die geschlossenen Muscheln kurz unter kaltes Wasser halten und mit einer Küchenbürste sauber schrubben, Bart mit einem scharfen Messer entfernen, nochmals abspülen und abtropfen lassen. — Knoblauch schälen und in einer breiten Pfanne in Olivenöl scharf anbraten. Knoblauch wieder entfernen. Die Muscheln in das sehr heiße Öl geben. Kräftig mit Pfeffer würzen und mit Wein ablöschen. Deckel schließen und die Miesmuscheln immer wieder wenden. Sobald sich die ersten Muscheln öffnen – das braucht in der Regel 3–4 Minuten – den Herd ausschalten und den Deckel abnehmen. — Muscheln auf Tellern anrichten und mit fein gehackter Petersilie bestreuen. Mit Zitronenschnitzen servieren.

Goldbrasse vom Grill

mit Rosmarinkartoffeln und Salmoriglio-Soße

Jede Art von festfleischigen Fischen eignet sich für dieses einfache Rezept aus Süditalien. Große Fische wie Schwertfisch oder Thunfisch werden in dünnere Filets oder Steaks geschnitten, sodass sie nur kurz gegrillt werden müssen. Sonst trocknen sie aus. Kleinere Fische wie Forelle, Goldbrasse oder Wolfsbarsch werden als ganze gegrillt. Man kann den Fisch sowohl auf dem Holzkohlegrill als auch im Backofen mit Grillfunktion zubereiten. Bei der Zubereitung auf dem Holzkohlegrill sollte darauf geachtet werden, dass die Kohle nur mehr glüht und der Fisch nicht zu nahe an der Glut liegt.

---

4 kleinere Goldbrassen, ausgenommen
1 kg festkochende, dünnschalige Kartoffeln
Olivenöl
frischer Rosmarin
Salz

SOSSE
1 TL Salz
3 EL frisch gepresster Zitronensaft
2 TL Oregano
ca. 100 ml Olivenöl
1 TL Pfeffer aus der Mühle

Feuer auf dem Grill vorbereiten und anzünden, damit die Glut rechtzeitig bereit ist. — Goldbrassen mit der Rückseite eines Messers entschuppen, falls noch nötig. Danach gründlich kalt abwaschen und trocken tupfen. — Backofen auf 200 °C (Ober-/Unterhitze) vorheizen. — Kartoffeln waschen. Wasser zum Kochen bringen, leicht salzen. Kartoffeln darin sehr bissfest kochen. Anschließend ungeschält in Stücke schneiden und auf einem geölten Backblech verteilen. Rosmarin zupfen und hacken, dann über die Kartoffeln streuen. Kartoffeln salzen und für 15–20 Minuten im Ofen knusprig backen. — Währenddessen den Grillrost und die Goldbrassen mit Olivenöl einreiben und je nach Größe ca. 10–20 Minuten grillen. Dabei einmal wenden. Fisch ist durch, wenn die Rückenflosse sich leicht herausziehen lässt. — Für die Salmoriglio-Soße Salz mit Zitronensaft verrühren, bis sich das Salz auflöst. Frisch gehackten Oregano, Olivenöl und Pfeffer langsam bei ständigem Rühren untermischen. Die Soße etwa 10 Minuten durchziehen lassen. — Fische auf eine Servierplatte legen. Fischhaut mit einer Gabel einstechen. Mit einem Löffel die Salmoriglio-Soße über die Fische verteilen, sodass sie gut einzieht. Fischplatte mit den Backkartoffeln servieren.

Spaghettini all'amatriciana

Man nehme beliebte Gerichte, mische Rezepturen und fertig ist die neue Lieblingsspeise. So wurde aus dem schlichten Cacio e pepe (Nudeln mit Käse und Pfeffer) durch Inspiration der Carbonara einst die Pasta alla gricia, in die noch Guanciale kommt, der feinwürzige luftgetrocknete Speck aus der Schweinebacke. Ein Koch aus Amatrice kam dann auf die brillante Idee, dieser Soße noch saftige Tomaten hinzuzufügen. Zur Schärfe mag ihn die Pasta all'arrabbiata inspiriert haben.

---

250 g Guanciale
1 scharfe Chilischote (nach Belieben)
¼ l trockener Weißwein
400 g Pelati (ganze geschälte Tomaten, Dose)
320 g Spaghettini o. Ä.
ca. 70 g reifer Pecorino

Den Guanciale in Streifen oder Würfel schneiden und in einer unbeschichteten Pfanne (Eisenpfanne) ohne Fett so lange bei mittlerer Hitze braten, bis das Fett durchsichtig ist. Chilischote entkernen und fein schneiden, zum Guanciale geben. Mit Weißwein ablöschen, den Wein verdunsten lassen. Den Guanciale mit einem Schaumlöffel aus der Pfanne nehmen und zur Seite geben. — In der Zwischenzeit die Pelati mit den Händen zerfasern und in die Pfanne zum Fett geben. 2–3 Esslöffel Nudelwasser zum Sugo gießen und ca. 10–15 Minuten köcheln lassen, bzw. bis der Sugo eine feine, cremige Konsistenz hat. — Reichlich Wasser zum Kochen bringen und salzen. Spaghettini darin kochen. Sobald sie bissfest sind, mit einer Spaghettizange oder einem Nudellöffel aus dem Wasser nehmen und direkt in den Sugo geben. Auch den gebratenen Guanciale hinzugeben. Alles gut durchmischen. Pfanne vom Herd nehmen und den frisch geriebenen Pecorino gut unterrühren. Eventuell mit Salz abschmecken, mit Pecorino bestreut servieren.

Fettuccine alla papalina

Auch Päpste mögen die schlichte römische Küche, so zum Beispiel Papst Pius XII., der eine Schwäche für die Pasta alla carbonara hatte. Eine Variante wurde in den 1930er-Jahren extra für ihn erfunden. Heute ist diese Pasta in ganz Italien als Fettuccine alla papalina bekannt, als „päpstliche Bandnudeln".

Zwiebel fein schneiden. Die Zwiebelstücke in Butter braten, bis sie glasig sind (sie sollen nicht braun werden). Den Rohschinken in Stücke schneiden und sanft mitrösten. Mit Pfeffer und eventuell ein wenig Salz abschmecken. — In einer Schüssel die Eidotter mit zwei Dritteln des geriebenen Parmesans verrühren. — In der Zwischenzeit reichlich Wasser zum Kochen bringen und salzen. Die Fettuccine darin bissfest kochen. Beim Abseihen etwas Nudelwasser auffangen. Die Nudeln gleich in die Pfanne zu den Zwiebelstücken und dem Schinken geben und gut vermischen. — Pfanne vom Herd nehmen, etwas abkühlen lassen, dann die Dottermasse dazugeben. Alles gut vermengen. Wenn die Nudeln zu trocken sind, 1–2 Esslöffel Nudelwasser dazugeben. Vor dem Servieren mit dem restlichen Parmesan und frisch gemahlenem Pfeffer würzen.

1 Zwiebel
Butter
100 g Rohschinken
(prosciutto crudo)
Pfeffer aus der Mühle
Salz
4 Eidotter
150 g Parmesan
320 g Bandnudeln, Fettuccine

Gnocchi nach Sorrento-Art

mit Salsiccia

Ich koche die Kartoffeln für Gnocchi immer im Druckkochtopf. So saugen sich die Knollen nicht mit Wasser voll und ich brauche wenig Mehl für die Zubereitung der Gnocchi. Je weniger Mehl, desto flaumiger werden die Gnocchi. Wenn du die Kartoffeln normal kochst, achte darauf, dass die Schale dranbleibt und unverletzt ist.

GNOCCHI

800 g mehlige Kartoffeln
ca. 200 g Weizenmehl (AT: W480, D/CH: 405, I: 00)
1 Ei

SOSSE

1 Knoblauchzehe
2 frische Salsiccia (italienische Wurst)
Olivenöl
600 g passierte Tomaten

AUSSERDEM

300 g Mozzarella
3 Handvoll Parmesan

Reichlich Wasser zum Kochen bringen und leicht salzen. Kartoffeln darin weich kochen, dann schälen und noch heiß direkt auf die Arbeitsfläche pressen oder sie dort zerdrücken und auskühlen lassen. Kartoffeln mit dem Mehl und dem Ei vermischen und zu einem glatten Teig verkneten. Aus dem Teig etwa fingerdicke Rollen formen und daraus 2 cm große Gnocchi schneiden. — Für die Soße den Knoblauch schälen und die Salsiccia klein schneiden. Beides im Olivenöl scharf anbraten. Passierte Tomaten dazugeben und ca. 20 Minuten bei schwacher Hitze köcheln lassen. Knoblauch entfernen. — Die Mozzarella in Würfel schneiden und 10 Minuten in einem Sieb abtropfen lassen. Den Parmesan reiben. — Backofen auf 200 °C (Ober-/Unterhitze) vorheizen. — Reichlich Wasser zum Kochen bringen und salzen. Hitze reduzieren und die Gnocchi im leicht köchelnden Wasser kurz gar ziehen lassen. Sobald sie an die Oberfläche schwimmen, die Gnocchi abschöpfen, im Sieb abtropfen lassen und mit der Soße vermischen. — Die Gnocchi in eine Auflaufform füllen. Mit Mozzarella und Parmesan bedecken. Bei 200 °C überbacken, bis der Käse geschmolzen und goldbraun ist.

Kalbsrouladen

mit Pinienkernen und Pistazien nach Nonna Nina

Es gibt traditionellere Versionen dieses in Italien bekannten Gerichts, aber dieses ist mein absolutes Lieblingsrezept. Das liegt vielleicht auch daran, dass es von Nonna Nina stammt. Meine Oma schwor bei der Zubereitung auf das langsame Schmoren. Ganz wichtig ist dabei, die Flüssigkeit nicht auf einmal über das Fleisch zu gießen. Die Rouladen sollen nicht in Flüssigkeit kochen. Kalbfleisch wird dadurch nämlich leicht trocken.

Pinienkerne ohne Fett goldbraun rösten. Pistazien grob hacken. Käse in dünne Scheiben schneiden. — Kalbsschnitzel dünn klopfen. Wenn sie sehr groß sind, lieber teilen, damit die Röllchen nicht zu dick werden. Ca. 3 Pancettascheiben auf jedes Schnitzel legen. Idealerweise steht die Pancettascheibe etwas über das Fleisch, damit sie beim Einrollen eingeschlagen werden kann. Das sichert die Füllung beim Braten. Käsescheiben, Pistazien und Pinienkerne auf die Pancettascheibe legen. Das Ganze zu Rouladen aufrollen und mit stabilen Zahnstochern fixieren. — Butter in einer Pfanne erhitzen. Die Rouladen kräftig darin anbraten. Mit etwas Weißwein ablöschen und mit Thymian, Salz und Pfeffer würzen. Sobald der Wein verkocht ist, Wein nachgießen bzw. mit Brühe oder etwas Wasser aufgießen. Zudecken und auf kleiner Flamme 20 Minuten lang schmoren lassen. Die Rouladen dabei öfter wenden. — Wer die Soße gern sämig mag, verrührt die Speisestärke in 2 Esslöffel kaltem Wasser, gießt das Gemisch unter Rühren in die Soße und kocht die Soße damit auf. Fleisch vorher aus der Pfanne nehmen und warm stellen. Cremige Polenta, Reis und frisches Gemüse passen ausgezeichnet zu den Kalbsrouladen.

25 g Pinienkerne
25 g Pistazien
40 g Parmesan
40 g Pecorino
4 Kalbsrouladen (dünne Kalbsschnitzel)
12 hauchdünne Scheiben Pancetta oder Guanciale
20 g Butter
200 ml trockener Weißwein
1 TL Thymian
Salz
Pfeffer aus der Mühle
50 ml Brühe (optional)
1 TL Speisestärke (optional)

Lasagne –
Mammas Klassiker

Wenn der Duft dieser Lasagne durchs Haus zieht, muss man niemanden mehr zu Tisch rufen. Die ganze Familie kommt ganz von allein und alle fragen, ob das Essen schon fertig ist. Ich mag meine Lasagne knusprig, aber nicht hart. Deswegen koche ich entweder die Lasagneblätter 5 Minuten in Salzwasser, bevor ich sie in die Form gebe. Oder ich achte darauf, dass das Ragout oder die Béchamelsoße eher flüssig sind. Wie meine Mamma sagt: Pasta kocht nur in Flüssigkeit.

RAGOUT

½ Zwiebel
1 Karotte
1 Stange Staudensellerie
1 Knoblauchzehe
2 EL Olivenöl
500 g Hackfleisch vom Rind
3 EL passierte Tomaten
250 ml Wasser
Salz
Pfeffer aus der Mühle

BÉCHAMELSOSSE

80 g Butter
80 g Mehl
400 ml Wasser
400 ml Milch
Salz
Muskatnuss
Pfeffer aus der Mühle

AUSSERDEM

etwas Butter
250 g Lasagneblätter (ca. 12 Blätter)
ca. 200 g geriebener Parmesan

Für das Ragout Zwiebel, Karotten und Sellerie putzen und fein schneiden. Knoblauchzehe pressen. Alles im Olivenöl auf mittlerer Hitze so lange anschwitzen, bis die Zwiebelstücke glasig sind. Dann das Fleisch dazugeben und durchgaren. Passierte Tomaten und Wasser hinzufügen. Wenn die Soße zu köcheln beginnt, die Hitze reduzieren. Die Soße soll zugedeckt ca. 2 Stunden unter gelegentlichem Umrühren köcheln. Mit Salz und Pfeffer abschmecken. — Sobald das Ragout fertig ist, den Backofen auf 200 °C (Ober-/Unterhitze) vorheizen. — Für die Béchamelsoße Butter schmelzen. Mehl zufügen und unter Rühren kurz anschwitzen. Das Mehl darf nur leicht Farbe bekommen. Die Milch und das Wasser vermischen und nach und nach unter Rühren zugießen. Die Béchamelsoße einmal aufkochen, dann bei niedriger Temperatur etwa 10 Minuten köcheln lassen, bis sie sämig wird. Mit Salz, Pfeffer und ordentlich Muskatnuss würzen. — Eine Auflaufform (20 × 35 cm) mit Butter einreiben. Lasagneblätter einlegen, dann Ragout und Béchamelsoße darüberschichten und mit dem geriebenen Parmesan gut bestreuen. Wechsle diese Schritte ab, solange du Zutaten hast. Die letzte Schicht besteht aus Béchamelsoße, die großzügig mit Parmesan bestreut wird. Die Lasagne 40–50 Minuten backen, bis die oberste Schicht goldbraun ist.

Huhn in Milch

Bei diesem so einfachen wie leckeren Hühnchengericht geht es um die Röstaromen. Nicht jede Pfanne eignet sich dafür. Die besten Erfahrungen habe ich mit Pfannen ohne moderne Beschichtungen gemacht, also mit Eisen- oder Emaille-Pfannen. So wird die Soße unwiderstehlich. Bei uns gibt es zum Pollo al latte knuspriges Brot oder Kartoffelpüree, damit man die Soße bis auf den letzten Tropfen auftunken kann.

50 g Butter
4 dünne Hühnerbrust-Schnitzel
50 ml Vollmilch
Salz

In einer großen Pfanne bei niedriger Hitze die Butter schmelzen. Hühnerschnitzel nebeneinander in die Butter legen. Sobald die Butter anfängt zu bräunen, die Hühnerstücke am Innenboden der Pfanne reiben, bis sie goldbraun sind. Dabei einmal wenden. Das Fleisch nimmt die Röstaromen des Butters an. Wichtig ist, den Pfannenboden immer wieder mit dem Fleisch zu „putzen". Am Boden sollte sich kaum etwas absetzen. — Sobald das Huhn eine schöne, gleichmäßige Farbe hat, die Milch nach und nach langsam dazugeben. Hühnerbrüste weiter in der Pfanne bewegen, so vermischen sich Milch und Butter gut. Die Soße dickt beim Kochen ein. Immer wieder etwas Milch zugeben. Erst am Ende, wenn die Soße die richtige dickflüssige Konsistenz hat, salzen und sofort genießen.

Brathuhn
mit Zitronen

Für mich gibt es kein Rezept, das ein Brathuhn besser zur Geltung bringt und zugleich so kinderleicht ist.Das Fleisch wird zart, saftig und angenehm aromatisiert. Das einzig Entscheidende: Ich achte immer darauf, das Huhn mit Küchengarn gründlich zu verschließen, damit die Flüssigkeit, die während des Backens entsteht, im Huhn bleibt.

---

1 Brathuhn (ca. 1½ kg)
Salz
Pfeffer aus der Mühle
2 unbehandelte, reife Zitronen

Backofen (Ober-/Unterhitze) auf 180 °C vorheizen. Huhn innen und außen mit kaltem Wasser abspülen. Fettpolster an der Bauchhöhle wegschneiden. Das Huhn 10 Minuten auf einen schräg gestellten Teller legen und abtropfen lassen. Mit Haushaltspapier gründlich trocken tupfen. Das Huhn kräftig würzen: Salz und Pfeffer mit den Händen auf der Haut und in der Bauchhöhle verreiben. — Die Zitronen kalt abwaschen, trocknen und mit der flachen Hand kräftig auf der Arbeitsfläche rollen. So löst sich der Saft im Inneren. Jede Zitrone mit der Spicknadel oder einem Zahnstocher vielfach anstechen. Die Zitronen in die Bauchhöhle des Huhns stecken, die Öffnung mit Spicknadel und Küchengarn gut verschließen. Die Schenkel an beiden Gelenkenden mit Küchengarn zusammenbinden, dabei nicht zu fest anziehen. — Das Huhn mit der Brust nach unten in eine Bratform legen (ohne Fett). Die Bratform in das obere Drittel des Ofens stellen. Nach 30 Minuten das Huhn mit der Brust nach oben drehen. Dabei die Haut nach Möglichkeit nicht verletzen. Das Huhn weitere 30 Minuten garen. Dann die Ofentemperatur auf 200 °C erhöhen und noch ca. 20 Minuten weiterbraten, bis die Haut knusprig gebräunt ist. Garzeit für kleinere Hühner reduzieren! — Die Zitronen bis zum Tranchieren im Huhn lassen. Der Saft, der sich in der Bauchhöhle angesammelt hat, schmeckt köstlich. Übergieße damit vor dem Servieren das in Scheiben geschnittene Fleisch. Dazu passen zum Beispiel Reis sowie Caponata (siehe S. 20).

Kartoffelbällchen
nach toskanischer Art

Eines Tages zog ein Fremder in ein kleines toskanisches Dorf. Man wusste nichts von ihm, außer dass er jeden Tag im Pelzmantel *(pelliccia)* zum Markt ging und dort die besten Zutaten kaufte. Und das in Kriegszeiten! Herr Pelliccia, wie man ihn nannte, musste reich sein. In seiner Wohnung briet er dann Frikadellen, deren Duft die hungrigen Kinder auf die Gasse lockte. Doch keines traute sich heran. Bis ein kleiner Junge sich ein Herz fasste und durch die offene Tür ins Haus trat. Andere Kinder folgten ihm. Und da stand schon Herr Pelliccia und beschwerte sich, dass er seit Tagen für die Kinder koche, aber keines gekommen sei. „Zum eigenen Glück muss man auch selbst etwas beitragen", meinte Herr Pelliccia. Seine Kartoffelbällchen (polpette di Pelliccia) waren die besten, die die Kinder je gegessen hatten.

Kartoffeln in der Schale in leicht gesalzenem Wasser weich kochen, am schnellsten geht das im Druckkochtopf. — Semmel zerstückeln und in Milch einweichen. Fleisch, Petersilie und Knoblauch fein hacken. Kartoffeln schälen, mit einem Stampfer zerdrücken. Mit dem zerkleinerten Fleisch, Knoblauch, Petersilie, Parmesan und der geriebenen Zitronenschale vermischen. Brotstücke ausdrücken und unter die Kartoffelmasse arbeiten. Eier verquirlen und ebenfalls unterheben. Mit Salz und Pfeffer würzen. — Mehl und Semmelbrösel vermischen.
— Kartoffelteig zu Bällchen formen, in den Mehl-Bröseln wenden und in reichlich Olivenöl knusprig braten. Auf Küchenpapier kurz abtropfen lassen. Mit grünem Salat oder Caponata (siehe S. 20) servieren.

500 g mehlige Kartoffeln
½ alte Semmel
100 ml warme Milch
150 g gebratenes Geflügelfleisch
1 kleiner Bund Petersilie
1 Knoblauchzehe
100 g geriebener Parmesan
1 unbehandelte Zitrone, Abrieb
2 Eier
Salz
Pfeffer aus der Mühle
1 Handvoll Mehl
1 Handvoll Semmelbrösel
reichlich Öl zum Braten

Kartoffellasagne

mit Lammragout, Schafskäse und Thymian

Meine Oma Nina dachte stets praktisch. Wozu lange Nudelteig machen, wenn im Garten wunderbare Kartoffeln wuchsen? Nonnas legendäre Kartoffellasagne schmeckte jedes Mal anders: Mal fand sich *prosciutto cotto* zwischen den Kartoffel-Käse-Schichten, mal Melanzani, Zucchini oder selbst gesammelte Pilze. Je nach Laune wurden Gemüse und Pilze zuvor gebraten, im Ofen gebacken oder paniert.

LAMMRAGOUT

½ Zwiebel
½ Karotte
1 Staudensellerie
1 Knoblauchzehe
2 EL Olivenöl
350 g Hackfleisch vom Lamm
½ Glas trockener Weißwein
2 EL passierte Tomaten
125 ml Wasser
Salz
Pfeffer aus der Mühle

AUSSERDEM

700 g Kartoffeln (vorwiegend festkochend)
100 g junger Schafskäse (*pecorino fresco a pasta morbida,* alternativ: Feta)
100 g reifer Pecorino
ca. 6 Zweige frischer Thymian
Salz
Pfeffer aus der Mühle
Olivenöl für die Backform

Für das Ragout Zwiebel, Karotte sowie Sellerie putzen, fein schneiden und mit der gepressten Knoblauchzehe im Olivenöl auf mittlerer Hitze so lange anschwitzen, bis die Zwiebelstücke glasig sind. Fleisch dazugeben und durchgaren. Mit Wein ablöschen. Passierte Tomaten und Wasser hinzufügen. Wenn die Soße zu brodeln beginnt, die Hitze reduzieren. Die Soße zugedeckt ca. 2 Stunden unter gelegentlichem Umrühren köcheln lassen. Mit Salz und Pfeffer abschmecken. — Wenn das Ragout fertig ist, das Backrohr auf 180 °C (Ober-/Unterhitze) vorheizen. — Die Kartoffeln schälen und in dünne Scheiben schneiden. Schafskäse sehr dünn schneiden. Pecorino reiben. Thymian abrebeln. — Die Kartoffelscheiben auf dem Boden einer gefetteten Backform (ca. 18 × 25 cm) dicht aneinander legen. Eine Schicht Ragout daraufgeben, danach eine Schicht mit Pecorino und Schafskäse. Mit dem Thymian bestreuen, nach Geschmack mit (wenig!) Salz und Pfeffer würzen. Wieder mit einer Schicht Kartoffeln beginnen und mit Ragout und beiden Käsesorten weiterschichten. Mit einer Schicht Kartoffelscheiben abschließen. Ca. ein Drittel des Käses für später übrig lassen. — Die Kartoffellasagne rund 35 Minuten im vorgeheizten Backofen bei 180 °C backen. Erst dann mit dem restlichen Käse bedecken und überbacken, bis der Käse goldbraun ist.

Italienisches Streetfood

11

Wie viele Italienerinnen und Italiener esse ich gern in Ruhe, das heißt: an einem Tisch. Diese Vorliebe verdanke ich wohl meiner Mutter. Selbst wenn wir auf Urlaub waren, kehrten wir nach Möglichkeit immer ins Quartier zurück, um dort zu speisen. „Es gehört sich so", meinte Mamma immer, und schließlich gebe es dafür die Mittagsruhe.

Doch keine Regel ohne Ausnahme. Denn man hat ja auch mal unterwegs Hunger, und auf den vielen Dorf- und Stadtfesten knurrt einem ebenso der Magen. Nicht zuletzt wegen der verführerischen Düfte rundherum. An mobilen Ständen und in sogenannten *rosticcerie* (Röstbratereien), wo sich nicht selten ein paar (Steh-)Tischchen finden, wird italienisches Streetfood angeboten, meist lokale Spezialitäten wie *pizza fritta, olive all'ascolana, arancini siciliani, pesce fritto, patate fritte, crema fritta* …

An Kiosken wird man fündig, wenn man auf der Suche nach erfrischenden, durstlöschenden Getränken ist. Da gibt es *granite, centrifugati* und natürlich Speiseeis oder schmackhafte kleine Snacks wie *panini, tramezzini, schiacciate, piadine* und *pizzette*. Die Speisen, die ich für dieses Kapitel gewählt habe, sind einfach und schnell gemacht und zeigen die Vielseitigkeit des italienischen Streetfood. Wer schon einmal durch Italien gereist ist, wird vielleicht die eine oder andere Take-away-Speise kennen.

Gefüllte Zucchiniblüten

Nach ihrer Vertreibung aus Spanien am Ende des 15. Jahrhunderts fanden viele Juden in Rom eine neue Heimat und beeinflussten die lokale Kochtradition. Auch dieses Rezept wird auf die jüdisch-spanischen Immigranten zurückgeführt.
Die knackig frischen, frittierten Zucchini- oder Kürbisblüten sind ein kleiner, köstlicher Hungerstiller für zwischendurch. Und natürlich ein absoluter Hingucker.
Wer Laktose nicht gut verträgt, kann eine Füllung aus Brotbröseln, gekackter Petersilie, Pfeffer und Sardellen zubereiten.

---

150 g Mozzarella
10 Sardellen
10 Basilikumblätter
10 geschlossene Zucchini- oder Kürbisblüten
60 g Mehl
ca. 100 ml Wasser
reichlich Samenöl zum Frittieren
Salz

Mozzarella zerkleinern und in einem Sieb abtropfen lassen. Mozzarella, Sardellen und Basilikum cremig mixen. Die Creme in einen Spritzbeutel füllen. — Die geschlossenen Blüten vorsichtig waschen, um sie nicht zu beschädigen. Wenn sie aus dem eigenen Garten sind, eventuell nur feucht abwischen. Mit der Spitze eines Messers die Basis der Blüte ausschneiden und den Stempel entfernen. Durch die entstandene Öffnung die Blüte mit der Creme füllen, dann die Basis wieder aufsetzen und die Blüte so verschließen. — Das Mehl in eine kleine Schüssel geben. Langsam das Wasser dazugießen und so lange verrühren, bis die Masse eine Konsistenz hat wie Pfannkuchenteig.
— Das Öl in einer Pfanne oder einem Topf erhitzen. Gefüllte Blüten in diesen flüssigen Teig eintauchen. Kurz abtropfen lassen und im heißen Öl schwimmend goldbraun frittieren. Am besten machst du das nach und nach, zu viele Blüten auf einmal würden das Öl zu sehr abkühlen. Die Blüten auf Küchenpapier abtropfen lassen, noch heiß salzen und sofort warm genießen.

Erbazzione reggiano

Dieses Gebäck wurde in der Emilia-Romagna mutmaßlich schon im Mittelalter gegessen. Früher bereitete man den Teig mit Mehl, Wasser und Schmalz zu, heute ersetzt man ihn gerne durch Blätterteig. *Erbazzone* leitet sich ab vom Wort *erbette*. Dieser Begriff bezeichnet alle essbaren grünen Kräuter. Du kannst den Mangold also je nach Jahreszeit durch Brennnesseln, Spinat, Malvenblätter oder Zichorie und Radicchio ersetzen.

---

800 g Mangold
1 Knoblauchzehe
20 g Olivenöl
100 g Bauchspeck (optional)
300 g Parmesan
1 Prise Salz
1 Pkg. Blätterteig
(Fertigprodukt, ca. 270 g)

Backofen auf 170 °C (Ober-/Unterhitze) vorheizen. — Reichlich Wasser zum Kochen bringen und salzen. Mangold darin ca. 10–15 Minuten weich kochen. — Knoblauch schälen, in einer beschichteten Pfanne im Olivenöl leicht anbräunen, dann entfernen. Eventuell Bauchspeck in mundgerechte Stücke schneiden und im Olivenöl braten. — Mangold gut ausdrücken, fein schneiden und ins Olivenöl geben. Einige Minuten dünsten, bis die Flüssigkeit verdampft ist. Den ausgekühlten Mangold mit dem Parmesan gut mischen und mit Salz abschmecken. — Ein Backblech mit Backpapier auslegen, Blätterteig darauf ausbreiten. Die Füllung längs in die Mitte des Blätterteigs geben und den Teig wie bei einem Strudel einschlagen. Die Teignaht gut andrücken, mit etwas Wasser klebt der Teig besser. Die Enden des Strudels umklappen und ebenfalls gut andrücken. Den Erbazzone nun umdrehen, etwas flach drücken. In den Ofen schieben und ca. 40 Minuten backen, bzw. bis die Oberfläche schön regelmäßig gebräunt ist. — Meine Nonna hat den Erbazzone 5 Minuten vor Backende noch mit etwas Olivenöl bepinselt, so wird die Oberfläche schön knusprig. Warm oder kalt servieren.

Tipp

Wer Knoblauch mag, sollte den Strudel mit einer Jogurt-Knoblauch-Soße probieren. Dafür einfach Joghurt, Salz, Knoblauch, ein wenig Olivenöl und eventuell etwas Schnittlauch verrühren.

Folpetti padovani

Traditionell wird diese paduanische Spezialität in einer *folperia* (übersetzt etwa: Oktopusladen) gegessen, meistens im Stehen und bevorzugt spätnachmittags. Die Folpetti gehören zu den beliebtesten Take-away-Speisen der Provinz Padua. Für dieses Rezept verwende ich kleine Tintenfische oder die sogenannten *moscardini* (Moschuskraken). Diese sind etwa um die 150–250 g schwer.
Wer keine frischen Fischchen bekommt, kann das Gericht auch gut mit tiefgefrorenen zubereiten. Einfach in einem Sieb in der Spüle auftauen lassen. Das Fleisch ist bei tiefgefrorenem Tintenfisch oft sogar weicher.

---

1 kg kleine Tintenfische oder *moscardini*
1 Karotte
2 Lorbeerblätter
1 kleiner Bund Petersilie
2 Zitronen, Saft
Olivenöl
Salz
Pfeffer aus der Mühle

Die kleinen Tintenfische und *moscardini* vom Fischhändler sind in der Regel sauber. Vor dem Kochen mit frischem Wasser abwaschen. — Einen Topf mit reichlich Wasser füllen. Karotte, Lorbeerblätter und Tintenfisch dazugeben (nicht salzen, das Fleisch könnte dadurch zäh werden). Das Wasser zum Kochen bringen, dann auf geringe Hitze reduzieren, zudecken und die Tintenfische je nach Größe 10–25 Minuten köcheln lassen. Den Topf vom Herd nehmen und den Tintenfisch im Kochwasser auskühlen lassen. — Tintenfische aus dem Wasser nehmen, eventuell zerstückeln. — Petersilie fein hacken, Zitronen auspressen und alles gut mit den Tintenfischen vermischen. Mit Olivenöl, Salz und Pfeffer abschmecken. Folpetti mit einem Stück Brot genießen oder mit weißer Polenta servieren. Weiße Polenta ist mild im Geschmack und passt perfekt zu Fisch.

Granita-Variationen

aus Sizilien

Es waren die Araber, die die Granita nach Sizilien brachten. Noch lange danach wurde sie mit Schnee vom Ätna zubereitet, heute hilft uns der Tiefkühlschrank. Falls du eine Frucht-Granita möchtest, püriere die Früchte und mische sie zum Wasser-Zucker-Sirup, wenn er kalt ist. Folge dann dem allgemeinen Rezept. Die sizilianische Granita hat eine Sorbet-ähnliche Konsistenz. Je mehr Zucker, desto cremiger wird deine Granita.

Kaffee-Granita aus Messina

Wasser, Zucker und Salz erhitzen und einige Minuten kochen lassen, bis sich der Zucker aufgelöst hat. Kaffee sowie Vanilleextrakt dazugeben und die Mischung gut auskühlen lassen. Für die weiteren Schritte siehe unten. Mit viel Schlagsahne servieren.

Mandel-Granita aus Noto

Milch mit Zucker und Salz aufkochen. Falls die Mandelmilch schon gesalzen ist, ist hier Salz nicht notwendig. Auskühlen lassen. Für die weiteren Schritte siehe unten.

KAFFEE-GRANITA AUS MESSINA

500 ml Wasser
200 g Zucker
1 Prise Salz
500 ml Espresso
1 TL Vanilleextrakt (optional)
Schlagsahne zum Servieren

MANDEL-GRANITA AUS NOTO

500 ml Mandelmilch, ungesüßt
90 g Zucker
1 Prise Salz
½ TL Bittermandelessenz (optional)

→

ZITRONEN-GRANITA

4 unbehandelte Zitronen
450 ml Wasser
200 g Zucker
4 ml Wodka (empfohlen)

Zitronen-Granita

Zitronen waschen. Gelbe Zitronenschale mit einem scharfen Messer abziehen. Die weiße Schale nicht mitschälen, sie schmeckt bitter. Zitronen anschließend auspressen. Du solltest 200 ml frisch gepressten Zitronensaft für die Granita haben. Wasser, Zucker und Zitronenschalen zum Kochen bringen und einige Minuten kochen, bis das Wasser schön gelb ist und intensiv nach Zitrone duftet. Gut auskühlen lassen. Anschließend abseihen. Zitronensaft und eventuell Wodka in die Flüssigkeit mischen. Für die weiteren Schritte siehe unten.

Dieser Teil ist bei jeder Granita gleich

Mischung 3 Stunden in den Tiefkühlschrank geben. Danach mit dem Standmixer pürieren. Nun alle 40 Minuten pürieren und wieder in den Tiefkühlschrank stellen. Nach weiteren 3 Stunden sollte die Granita die gewünschte Konsistenz haben. In kalten Gläsern servieren und genießen.

Arancine

Sie sind *das* Streetfood in Sizilien: Man nehme Ragout und Risotto – und drehe daraus leckere runde Arancine (weibliche Form) oder längliche Arancini (männlich). Eigentlich heißt das Wort übersetzt „kleine Orange". Und so sehen die frittierten Bällchen auch ein bisschen aus. Was einst als Resteverwertung begann, ist heute in ganz Italien beliebt beim Picknick, als Snack zwischendurch oder als Fingerfood bei Volks- und Straßenfesten.
Die Zutaten sind in meinem Rezept sehr üppig bemessen. Da kannst du durchaus etwas Ragout für feine Pasta abzweigen. Oder zuvor schon vom Risotto naschen. In Palermo wird der Reis übrigens ohne Safran zubereitet.

RAGOUT

1 große Zwiebel
1 große Karotte
1 Stange Staudensellerie
1 EL Olivenöl
500 g Hackfleisch vom Rind
125 ml trockener Rotwein
1 Lorbeerblatt
2 Nelken
3 Basilikumblätter
250 g Erbsen
400 g passierte Tomaten
Salz
Pfeffer aus der Mühle

Am Vorabend das Ragout zubereiten: Zwiebel, Karotte und Sellerie kleinschneiden. In einem Schmortopf im Olivenöl anrösten. Hackfleisch hinzufügen und scharf anbraten. Mit Wein ablöschen und verdampfen lassen. Kräuter, Gewürze sowie Erbsen und passierte Tomaten dazugeben. Das Ragout zugedeckt bei leichter Hitze so lange köcheln lassen, bis die ganze Flüssigkeit einreduziert ist. Mit Salz und Pfeffer abschmecken.

Tipp

Für eine vegetarische Variante kannst du das Ragout durch ein großes Stück Schmelzkäse (z.B. Mozzarella) ersetzen.

⟶

RISOTTO

ca. 1 l Gemüsebrühe
1 Zwiebel
60 g Butter
400 g Risottoreis
15 Safranfäden
30 ml Weißwein
200 g geriebener Parmesan

AUSSERDEM

Semmelbrösel
60 g Mehl
100 ml Wasser
reichlich Samenöl zum Frittieren

— Auch den Risotto kannst du schon am Vortag zubereiten. Dafür die Brühe erhitzen. Die Zwiebel fein schneiden. Die Hälfte der Butter zerlassen und die Zwiebelstücke darin glasig dünsten. Reis und Safran hinzufügen. Mit Wein aufgießen, einkochen lassen. Nun die Brühe nach und nach zugeben, sodass der Reis stets Flüssigkeit aufzunehmen hat. Den Reis unter regelmäßigem Umrühren zu Ende garen. Er sollte noch bissfest sein. Risotto vom Herd nehmen. Die restliche Butter und den geriebenen Parmesan untermischen, bis sie geschmolzen sind. Auskühlen lassen. — Zum Wälzen der Arancine einen Teller mit den Semmelbröseln vorbereiten und in einem zweiten Teller oder einer Schüssel das Mehl und das Wasser zu einem dickflüssigen Gemisch verrühren. — Feuchte deine Hände an, damit der Reis nicht zu sehr daran klebt. 1 großen Esslöffel Reis in die Handfläche geben und flach drücken. 1 Teelöffel Ragout in die Mitte geben. Den Reis mit den Fingern um das Ragout verschließen und mit den Händen zu einem ca. 4 cm großen Bällchen drehen. Bällchen in der Mehl-Wasser-Mischung drehen und in den Semmelbröseln wälzen. Im heißen Öl goldbraun frittieren. Warm oder kalt servieren.

Farinata di ceci

Von all den Geschichten, die sich in Italien ums Essen ranken, ist jene von der Farinata di ceci für mich eine der schönsten. Angeblich verdanken wir diesen köstlichen Fladen ja den Genuesen. Zwar hatten sie 1284 die Seeschlacht bei Meloria gegen Pisa gewonnen, gerieten aber auf der Heimfahrt in einen schweren Sturm. Ein Teil der geladenen Ölfässer zerbrach. Das Öl vermischte sich mit Kichererbsenmehl und eingedrungenem Salzwasser. Vom Hunger geplagt, besannen sich die Seemänner irgendwann auf diesen Brei: Die Sonne hatte ihn getrocknet – und er schmeckte ausgezeichnet.

---

300 g Kichererbsenmehl
600 ml kaltes Wasser
80 ml Olivenöl
1 TL Salz
1 EL fein gehackter Rosmarin
Pfeffer aus der Mühle

Mehl in eine Schüssel geben. Wasser nach und nach einrühren. Die Mischung zugedeckt im Kühlschrank 2–3 Stunden ruhen lassen. Gelegentlich umrühren. Den auf der Oberfläche entstehenden Schaum abschöpfen. Dann Öl, Salz und Rosmarin untermischen. — Backofen (Ober -/Unterhitze) auf 250 °C vorheizen. Den Teig in eine mit Öl gefettete ofenfeste Kupferpfanne oder eine Tarteform (Ø 24 cm) gießen. Wichtig: Der Teig sollte etwa 5 mm hoch sein. Die Farinata auf der untersten Schiene 12 Minuten backen. Hitze auf 200 °C reduzieren und weitere 15 Minuten auf der obersten Schiene hell- bis goldbraun backen. — Sofort mit reichlich frisch gemahlenem schwarzem Pfeffer würzen, kurz abkühlen lassen, dann noch warm schneiden und als Fingerfood mit einem Glas Weißwein oder Prosecco genießen.

Tipp
Wenn du kein Kichererbsenmehl zu Hause hast, vermische einfach 500 g vorgekochte Kichererbsen mit 500 ml Wasser. Dann erreichst du eine ähnliche Konsistenz.

Pizza, Brot und salzige Knabbereien

Meine Oma backte Brot nie nach Zeit. Sie klopfte auf den Boden des Brotes und hörte am Klang, ob es fertig war. Diesen Trick habe ich nie richtig gelernt. Deswegen verwende ich ein Küchenthermometer. Die Innentemperatur des Brotes von 94 °C sagt mir, dass das Brot durch ist. Da ich es gern dunkel mag, lasse ich es oft bis 96 °C Innentemperatur im Ofen. Der Vorteil: Die Temperaturmethode ist unabhängig von der Größe des Brotes. Du kannst also aus dem Teig für einen großen auch zwei oder drei kleine Laibe formen.

Brot, Pizza und Focaccia backe ich immer auf einem Backstein, der ausreichend Hitze speichert. Besonders gern backe ich mit einem Ansatz aus flüssigem Sauerteig, dem Licoli. Beim Auffrischen nimmt man nur einen Teil davon. Der Rest wird normalerweise entsorgt. Ich verwende ihn aber oft als mildes Treibmittel bei Crackern oder Pfannkuchen.

Die besten Ergebnisse bei Brot und Pizza erziele ich mit Mehlsorten mit hoher Backstärke, also hohem Glutengehalt (auf dem W-Index: 280 bis 350) und mit einer sehr hohen Fähigkeit, Wasser aufzunehmen. Je höher der Stärkegehalt, desto länger ist die Teigführung. Mehl aus Manitoba-Weizen hat sich etwa bewährt, außerdem die Weizenmehlsorten W 700 (AT) bzw. Typ 812 (DE/CH) sowie die italienische Type 0. Eine genaue Backstärkeangabe laut W-Index wirst du auf der Mehlpackung selten finden, jedoch geben die Hersteller an, wofür sich das Mehl eignet: vom Kuchen bis zum Vollkornbrot.

Backen ist eine Sache der Erfahrung – nicht zuletzt, weil jeder Ofen anders heizt, der Hefe- oder Sauerteig mal mehr oder mal weniger aufgeht. Deshalb sind die angegebenen Zeiten für das Brotbacken nur als Richtlinie zu sehen. Ich habe dennoch versucht, im Folgenden die wichtigsten Punkte für perfektes Brot, Pizza und Salzgebäck aufzuschreiben. Wem die „Falterei" beim Brot verwirrend erscheint: Auf meinem Blog a-modo-mio.at findest du kurze Erklärvideos.

Neapolitanische 24-Stunden-Pizza

con cornicione

Ich liebe diese Pizza. Der Teig ist luftig, aromatisch und bekömmlich. Da er sich über 24 Stunden hinweg entwickeln kann, braucht man sehr wenig Hefe. Ich backe die Pizza im Ofen auf einem Backstein oder in unserem Pizzaofen.

Ich mag etwas Hartweizenmehl im Teig. Hartweizen macht den Boden knusprig, und die Pizza schmeckt wie die aus der italienischen Pizzeria.

Bei dieser Zubereitung geht der Teig 18 Stunden im Kühlschrank und 6 Stunden bei Raumtemperatur. Ist die Raumtemperatur im Sommer höher als 22 °C, verlängere ich die Zeit im Kühlschrank und reduziere die Zeit, die der Pizzateig bei Raumtemperatur aufgeht. Um zu sehen, ob der Teig reif ist, mit einem Finger leicht auf die Teiglinge drücken. Wenn der Abdruck zu schnell hochkommt, braucht der Teig noch etwas Zeit, ansonsten kann er gebacken werden.

VORTEIG

600 g Wasser
700 g Pizzamehl
3 g frische Hefe

TEIG

280 g Pizzamehl
20 g Hartweizenmehl („Nudel-Grieß")
18 g Salz
20 g Olivenöl

1. Tag – Vorteig

Zutaten für den Vorteig gut durchmischen, zudecken und über Nacht bzw. 8 Stunden im Kühlschrank reifen lassen.

— Mozzarella ganz fein schneiden und in einem Sieb im Kühlschrank zugedeckt bis zum Backen abtropfen lassen. Teller darunter nicht vergessen!

2. Tag – Teig

Den Vorteig am nächsten Tag aus dem Kühlschank nehmen. 1 Stunde bei Raumtemperatur (22 °C) ruhen lassen, dann mit den zwei Mehlsorten, dem Salz und dem Olivenöl vermengen und so lange mit einer Küchenmaschine oder von Hand kneten, bis er sich von den Rändern der Schüssel löst. Den Teig nun abdecken und für weitere 5 Stunden kühl ruhen lassen.

⟶

BELAG
8 EL passierte Tomaten
(2 EL pro Pizza)
4 Kugeln Mozzarella
frisches Basilikum

Den Teig aus dem Kühlschrank nehmen. In 4 gleich große Stücke (je 250 g) teilen und diese rund schleifen. Teiglinge in einem flachen Behälter mit Deckel 1 Stunde bei Raumtemperatur (22 °C) aufgehen lassen, danach erneut für ca. 5 Stunden in den Kühlschrank stellen. — Teig aus dem Kühlschrank nehmen und bei Raumtemperatur (22 °C) weitere 4 Stunden aufgehen lassen. — Backofen auf 250–260 °C (Ober-/Unterhitze) vorheizen. Aus den Teiglingen von Hand flache Pizzen formen. Dabei zieht und schiebt man den Teig mit Fingern und Handballen von der Mitte nach außen. Die Pizza soll einen relativ hohen Rand haben, den *cornicione*. Die flache Mitte mit passierten Tomaten und dem abgetropften Mozzarella belegen. Die Pizza ca. 10 Minuten bei 260 °C backen, bis der Mozzarella geschmolzen ist und die Teigränder goldbraun sind. Mit frischem Basilikum garniert servieren.

Klassische Focaccia

Ein Brot für alle Fälle und jeden Geschmack: Das Tolle an einer Focaccia ist nämlich, dass ich sie immer wieder unterschiedlich belegen kann.
Für die Zwiebel-Focaccia schneide ich Zwiebeln in dünne Scheiben. Diese werden frittiert und gesalzen und kommen vor dem Backen aufs Brot. Du kannst die Zwiebeln auch roh lassen, dann wird die Focaccia ein wenig feucht. Ich belege die Focaccia außerdem gern mit kleinen frischen oder getrockneten Tomaten, mit Kapern oder Oliven. Rosmarin passt ausgesprochen gut dazu und verzaubert durch sein mediterranes Aroma.
Eine meiner Favoriten ist die Focaccia *ripiena* (gefüllt). Auf den Boden kommt ein Belag, der mit Teig zugedeckt wird: zum Beispiel eine Füllung aus gut gewürztem, gedünstetem Spinat, Ricotta und jungem Pecorino.

---

400 g Pizzamehl
270 ml kaltes Wasser
3 g Hefe
1 TL Honig
2 EL Olivenöl
12 g Salz

1. Tag
200 g Mehl in einer Schüssel mit 240 ml Wasser mischen. Mit einem Küchentuch zugedeckt 1 Stunde bei Raumtemperatur ruhen lassen. — Hefe und Honig im restlichen Wasser auflösen, zum Teig geben und verkneten. Sobald die Flüssigkeit aufgesaugt ist, Olivenöl, Salz und das restliche Mehl (200 g) hinzufügen und so lange kneten, bis sich der Teig von den Rändern des Gefäßes löst. Teig auf eine bemehlte Arbeitsfläche legen. Den Teig mehrmals falten und dann zu einer Kugel formen. Nun in ein eingeöltes Gefäß geben, mit einem Tuch abdecken und über Nacht im Kühlschrank ruhen lassen.

⟶

AUSSERDEM
grobes Salz
2 EL Olivenöl
2 EL Wasser

2. Tag
Teig am nächsten Tag aus dem Kühlschrank nehmen. 30 Minuten akklimatisieren lassen. — Ein Backblech mit Olivenöl einfetten. Mit den Händen den Teig darauf ausbreiten. Den Teig zugedeckt und bei Raumtemperatur nochmals 1 Stunde ruhen lassen. — Die Oberfläche des Teiges mit einer dünnen Schicht grobem Salz bestreuen. 2 Esslöffel Olivenöl mit 2 Esslöffel Wasser mischen und auf dem Teig verteilen. Den Teig mit den Fingerkuppen kräftig drücken. Dabei werden Öl und Salz in den Teig eingearbeitet. Es bilden sich die charakteristischen Mulden. Das Wasser hält den Teig feucht. Möchtest du deine Focaccia mit Oliven, Zwiebeln, Tomaten, Rosmarin o. Ä. verfeinern, musst du sie an diesem Punkt belegen. Mit Haushaltsfolie abdecken (ein Tuch würde die Feuchtigkeit aufsaugen) und noch 1 Stunde aufgehen lassen. — Backofen auf 230 °C (Umluft) oder 250 °C (Ober-/Unterhitze) vorheizen. Stelle am besten eine feuerfeste Form mit Wasser in den Ofen. Den fertigen Teig im Ofen für 18–20 Minuten goldgelb gebacken. Focaccia auskühlen lassen. Wer seiner Focaccia noch den letzten Glanz verleihen möchte, bepinselt sie nach dem Backen mit Olivenöl.

Tipp
Versuch auch die Variante mit Trauben und Rosmarin (siehe Foto S. 7).

 ×1

Kernige Cracker

Der Energiekick für zwischendurch, im Büro genauso lecker wie zu Hause oder beim Wandern: Diese Cracker verschwinden bei uns immer im Nu. Packe also besser nicht alle gleichzeitig aus! Leinsamen finde ich geschmacklich sehr intensiv, daher mahle ich sie, bevor ich sie zum Teig gebe. Die Nüsse hacke ich entweder fein oder verteile sie dekorativ auf dem Teig, wenn er dünn ausgestrichen ist. Das sorgt für einen zusätzlichen Crunch-Effekt. Wir lieben unsere Cracker leicht gesalzen. Bestreue dazu nach dem Backen die noch warme Oberfläche mit Salz. Am besten schmecken diese Cracker frisch und knusprig. In einem luftdicht verschließbaren Gefäß aufbewahren, sonst werden sie weich.

---

120 g Haferflocken
120 g Mehl (AT: W480, D/CH: 405, I: 00)
240 g Nüsse, Samen und Kerne
ca. 220 ml Wasser bei Raumtemperatur
80 ml Olivenöl
3 kräftige Prisen Salz
2 EL fein gehackter Rosmarin

Backofen auf 150 °C (Umluft) vorheizen. Blech (ca. 40 × 45 cm) mit Backpapier auslegen. — Alle Zutaten in einer Schüssel gut miteinander vermischen. Große Nüsse zuvor eventuell zerkleinern. Der Teig sollte eine joghurtartige Konsistenz haben. Masse auf dem Blech glatt und gleichmäßig dünn ausstreichen, damit hochstehende Ecken nicht verbrennen. Das Auftragen geht am einfachsten mit einem nassen Teigspatel aus Kunststoff. — Im Ofen ca. 10 Minuten backen, herausnehmen und den Teig mit einem scharfen Messer in gleichmäßige Rechtecke schneiden. Blech zurück in den Backofen geben und weitere 50 Minuten backen bzw. backen, bis die Cracker knusprig sind. Auch das Innere soll hart sein. Aus dem Ofen nehmen, eventuell nachsalzen und abkühlen lassen.

Kekse
mit Parmesan und Pfeffer

× 20

Ich mache diese salzigen Kekse gern auf Vorrat. Sie schmecken prima zum Aperitif oder nachmittags zu einem Glas selbst gemachte Limonade. Ich ergänze die Rezeptur manchmal mit fein gehackten Oliven oder getrockneten Tomaten. Wer es feurig mag, würzt mit getrockneten, scharfen Peperoncini oder Sardellen.

- **150 g** Mehl (AT: W480, D/CH: 405, I: 00)
- **1 TL** Backpulver
- **50 g** geriebener Parmesan
- **60 ml** Olivenöl
- **1** Ei
- **2** kräftige Prisen Salz
- **60 g** grob gehackte Haselnüsse
- Pfeffer aus der Mühle

Alle Zutaten zu einem glatten Teig verkneten. Teig rund formen und mit einem Geschirrtuch zudecken. Im Kühlschrank 30 Minuten ruhen lassen. — Teig auf einer Arbeitsfläche ca. 3-4 mm dünn ausrollen. Kekse ausstechen. Alternativ kannst du den Teig nach dem Kneten auch zu einer Rolle formen, diese kühlen und die einzelnen Kekse mit einem scharfen Messer einfach von der Rolle schneiden. — Backofen auf 200 °C (Ober-/Unterhitze) vorheizen. Backblech mit Backpapier auslegen. — Kekse an der Oberfläche mit Wasser bepinseln und mit Pfeffer bestäuben. Dann bei 200 °C ca. 10–15 Minuten goldgelb backen. Bevor die Kekse bräunen, aus dem Ofen nehmen und auf einem Rost abkühlen lassen.

Licoli –

Die Mutter des Sauerteigs

Am liebsten backe ich Brot mit Sauerteig. Als Treibmittel verwende ich dann Licoli, ein Kunstwort bzw. die Abkürzung von *lievito in coltura liquida*. Licoli ist ein flüssiger, milder Weizensauerteig aus Mehl und Wasser mit 100 % Hydratation, der mit der Zeit fermentiert und dadurch aufgeht. Dieser Fermentierungsprozess wird bei Wärme beschleunigt und bei Kälte verlangsamt. Während der Fermentation gehen den Bakterien die Nährstoffe aus. Um den Licoli aktiv und am Leben zu halten, frischt man ihn deshalb regelmäßig auf. Dafür mische ich z. B. 20 g Licoli mit 20 g Wasser und 20 g Mehl. Das Verhältnis der Zutaten ist 1 : 1 : 1. Das wiederhole ich alle 4 Stunden, bis ich sehe, dass der Licoli in dieser Zeit sein Volumen verdoppelt hat. Das zeigt, dass der Licoli aktiv ist. Ein regelmäßig verwendeter Licoli ist schon nach der ersten Auffrischung aktiv.

Ist der Licoli aktiv, gebe ich ihn bis zu seinem Einsatz in den Kühlschrank. Vor dem Backen frische ich ihn bei Raumtemperatur auf. Dabei erhöhe ich seine Menge: z. B. 50 g Licoli + 50 g Wasser + 50 g Mehl. Das ermöglicht mir, die für das Rezept notwendige Menge Sauerteig zu erreichen. Ich verwende ihn aktiv und 4 Stunden nach der letzten Auffrischung.

⟶

Um einen Licoli selbst zu züchten, mischt man Wasser und Mehl in gleichen Mengen. Diesen Ansatz mischt man alle 12 Stunden mit genauso viel Wasser und Mehl, bis sich der Teig innerhalb von 4 Stunden verdoppelt. Dieser Prozess braucht einige Wochen Zeit. Zwischen den Auffrischungen lagert man den Licoli bei Raumtemperatur. Vielleicht hast du auch Hobbybäcker im Freundeskreis, die gern etwas Sauerteigansatz weiterschenken. Flüssigen Sauerteig bekommt man auch in Reformhäusern oder beim Bäcker. Licoli wird in einem Glas aufbewahrt und mit Plastikfolie (mit kleinem Loch zum Atmen) oder mit einem mit Gummiband befestigten Käsetuch abgedeckt.

In Italien backen wir Brot meistens mit Weizenmehl, ich peppe den Licoli aber gern mit Roggenmehl und anderen Mehlsorten auf.

Landbrot

Im Sommerhaus unserer Familie kochten meine Mamma oder die Nonna früher noch auf einem befeuerten Herd. Dieser Holzofen hatte natürlich auch ein Backrohr. Der schwierigste Teil beim Brotbacken war dort stets, die Temperatur des Ofens konstant zu halten. Das erforderte wirklich Fingerspitzengefühl und Erfahrung. Der Holzrauch sorgte aber für ein leicht rauchiges Aroma, das unser Brot unverwechselbar machte.

750 g Weizenmehl (W 280–350 /AT: W700, DE/CH: 812, I: 1)
250 g Roggenmehl
200 g aufgefrischter Licoli (1 : 1 : 1) (siehe S. 162)
700 ml Wasser
20 g Salz

08:00 Uhr
Weizen- und Roggenmehl mischen. Für einen Vorteig 200 g Licoli, 100 ml Wasser und 100 g der Mehlmischung gut miteinander mischen. Mit einem Geschirrtuch zudecken und bei 25 °C etwa 3 Stunden ruhen lassen.

10:30 Uhr
Für den Teig die restlichen 900 g der Mehlmischung mit 550 ml Wasser in einer Schüssel verkneten, mit einem Geschirrtuch zudecken und bei 25 °C etwa 30 Minuten ruhen lassen.

11:00 Uhr
Vorteig, Salz und die restlichen 50 ml Wasser nacheinander zum Teig geben. Teig kneten, bis er sich von den Wänden der Rührschüssel löst. Der Teig ist feucht. Wer von Hand knetet, sollte dies mit angefeuchteten Händen tun. Teig in einen Behälter geben. Mit nassen Händen oder mit einem nassen Teigspatel zwischen Teig und Schüsselrand fahren, den Teig nach oben heben, dehnen und zur Mitte der Schüssel hin falten. Die Schüssel immer um einige Grad drehen und den Vorgang ca. 30 Mal wiederholen. Das schenkt dem Teig Stabilität.

→

11:15 Uhr

Teig nun etwa 6 Stunden bei 25 °C aufgehen lassen, währenddessen immer wieder falten. Dabei einen Rand des Teiges anheben und zur anderen Seite des Teiges hin falten. Behälter drehen und den Vorgang 6 Mal wiederholen. Mache die ersten 3 Durchgänge im Abstand von 15 Minuten, die nächsten 3 Durchgänge dann im Abstand von 30 Minuten. Den Teig danach ruhen lassen.

17.15 Uhr

Falls du den Teig teilen willst, ist dies der richtige Moment. Jedes Stück rund formen und 30 Minuten ruhen lassen.

17:45 Uhr

Arbeitsfläche leicht anfeuchten. Mit feuchten Händen den Teig auf die Arbeitsfläche heben und ihm eine leicht ovale Form geben. — Den Teig nun falten (Bâtard-Methode): Zuerst werden die Teiglinge dafür etwas flach gedrückt. Nimm nun mit je einer Hand die äußeren Ecken des Teiges und falte diese in die obere Teigmitte. Es entsteht ein Dreieck. Die Hände kurz auf dem Teig liegen lassen, damit er sich nicht sofort wieder auffaltet. Danach die Spitze des Dreiecks hinunterdrücken. Teig um 180 ° drehen und das Gleiche auf der anderen Seite wiederholen. — Nun den Teig so halten, dass die Daumen auf den frischen Verbindungspunkten liegen. Mit den anderen Fingern faltest du den Teig jetzt in deine Richtung, sodass er wie ein Kuvert (allerdings von oben nach unten, und dann von unten nach oben) geschlossen wird. Teigöffnung mit leichtem Druck gut verschließen.

Teig so rollen, dass die Schließung nach unten zum Liegen kommt. Ein paar Minuten ruhen lassen, dann umdrehen und kontrollieren, ob die Öffnung wirklich zu ist. Gärkorb oder eine mit Tuch ausgelegte Schüssel mit Mehl bestäuben. Teig hineinlegen. Die Öffnung, die nun nach oben schaut, nochmals gut verschließen. Teiglinge anschließend zugedeckt über Nacht im Kühlschrank bei 4 °C ruhen lassen.

8:00 Uhr am nächsten Tag
Teiglinge aus dem Kühlschrank nehmen. Backstein auf der mittleren Schiene in den Backofen geben und den Ofen auf 230 °C (Ober-/Unterhitze) vorheizen. Einen Behälter mit Wasser in den Ofen schieben. Die Teiglinge auf ein bemehltes Backpapier stürzen. Mit etwas Mehl bestäuben. Teiglinge wie gewünscht einschneiden und auf den Backstein legen. Wer keinen Backstein hat, kann die Teiglinge auf einem Backblech auf der mittleren Schiene in den Ofen schieben. Nach 20 Minuten den Wasserbehälter entfernen. Vorsicht vor dem heißen Wasserdampf! Das Brot ist fertig, wenn es eine innere Temperatur von 94–96 °C erreicht hat.

HINWEIS
Bei diesem Rezept hilft dir ein Video auf meinem Blog
a-modo-mio.at/buch-videos

Mehrkorn-Walnuss-Brot

Mehrkornmehl bringt Abwechslung in die Backstube. Ich mache daraus gern rustikale Brote mit Nüssen und Samen. Meist enthalten Mehrkornmehle Weizen, Roggen, Dinkel und Hafer, teils auch Reis, Buchweizen, Gerste oder Hirse. Wenn ich Samen verwende, weiche ich sie am Vorabend ein. Am nächsten Tag röste ich sie ohne Fett in einer Pfanne, bevor ich sie auf das Brot gebe.

300 g aufgefrischter Licoli (1 : 1 : 1) (siehe S. 162)
700 ml Wasser
400 g Weizenmehl (W 280–350 /AT:W700, DE/CH: 812, I: 1)
600 g Mehrkornmehl
25 g Salz
200 g grob gehackte Walnüsse

AUSSERDEM
etwas Olivenöl

8:00 Uhr
Licoli in 680 ml Wasser in einer großen Schüssel lösen. Mehle mischen, dazugeben und schnell vermengen. Teig 1 Stunde zugedeckt ruhen lassen.

9:00 Uhr
Salz und restliches Wasser einarbeiten und so lange kneten, bis sich der Teig von den Wänden der Schüssel löst. Mit feuchten Händen zwischen Teig und Schüsselrand fahren, den Teig nach oben heben, dehnen und zur Mitte der Schüssel hin falten. Die Schüssel immer um einige Grad drehen und den Vorgang ca. 30 Mal wiederholen. Das schenkt dem Teig Stabilität.

10:15 Uhr
Teig etwa 7 Stunden bei Raumtemperatur aufgehen lassen und währenddessen alle 30 Minuten falten. Dabei einen Rand des Teiges heben und zur anderen Seite der Schüssel hinüber falten. Behälter drehen und Vorgang 4–5 Mal wiederholen.

17:15 Uhr
Teig auf eine eingeölte Arbeitsplatte geben. Falls du den Teig teilen willst, ist dies der richtige Moment. Jedes Stück rund formen und 30 Minuten ruhen lassen.

→

Teig auf ca. 30 × 40 cm ausrollen. Die Oberfläche mit Nüssen und Samen bestreuen. Nun das untere Drittel des Teigs zur Mitte hin falten, dann das obere Drittel zur Mitte hin falten. Teig um 90 Grad drehen und erneut falten. Dieses Mal den Teig von der Mitte her aufheben und vorsichtig so in die Schüssel gleiten lassen, dass sich die Teigenden überlappen. Vorgang wiederholen und dabei den Teig rund formen. Die Öffnungen gut verschießen. Mit den Öffnungen nach oben in einen bemehlten Gärkorb oder eine mit Tuch ausgelegte und bemehlte Schüssel geben. Teig zugedeckt über Nacht im Kühlschrank bei 4 °C ruhen lassen.

8:00 Uhr am nächsten Tag

Ofen auf 230 °C (Ober-/Unterhitze) vorheizen. Teig aus dem Kühlschrank nehmen und umgedreht auf ein mit Backpapier ausgelegtes Backblech legen. Die glatte Seite des Teiges schaut nun nach oben, diese mit Mehl einreiben und nach Wunsch schlitzen. Brot auf die mittlere Schiene in den aufgeheizten Ofen geben. Das Brot ist fertig, wenn es eine innere Temperatur von 94–96 °C erreicht hat.

HINWEIS

Bei diesem Rezept hilft dir ein Video auf meinem Blog *a-modo-mio.at/buch-videos*

Dolci – mehr als Nachtisch

In Italien lieben wir Süßes! In der Espressobar genießt man schon am Morgen ein flaumiges *cornetto* mit Füllung. Und warum den Sonntag nicht mal mit einem süßen Brot mit Kakao und Haselnüssen beginnen? Nach einem feinen Essen wiederum schmeckt ein zartschmelzender Schokokuchen oder ein leichtes Mandeldessert.

Auch einige der süßen Verführungen auf den folgenden Seiten stammen aus den Rezeptsammlungen meiner Familie, die teils über Generationen ergänzt wurden. Mit Mammas Apfelkuchen etwa oder mit den unwiderstehlichen Keksen unserer Nachbarin Liviana. In Italien essen wir süße Kekse übrigens das ganze Jahr, nicht bloß in der Weihnachtszeit.

Kuchen und Kekse backe ich mit Weizenmehl (AT: W480, D/CH: 405, I: 00). Dinkelmehl ist ein guter Ersatz, auch wenn das Ergebnis etwas trockener ausfällt. Vanilleextrakt im Rezept kann immer durch Vanillezucker ersetzt werden. Den Hefeteig lasse ich genauso wie Sauerteig gern über Nacht im Kühlschrank reifen.

Eine Backform mit 24 cm Durchmesser, wie ich sie verwende, ergibt 10–12 Stück Kuchen. Alle Kuchen können auch in einer kleineren Backform zubereitet werden, sie haben dann aber eine längere Backzeit bzw. eine kürzere, wenn man eine größere Form nimmt. Auch heizt jeder Backofen etwas anders. Mache am besten immer die Stäbchen- bzw. Zahnstocherprobe, um zu testen, ob der Kuchen durchgebacken ist.

Ich röste Haselnüsse für Kuchen und Brot gern auf Vorrat. Die geschälten Nüsse dafür auf einem Backblech mit Backpapier gleichmäßig verteilen. Im vorgeheizten Ofen bei ca. 175 °C so lange rösten, bis sich die Haut löst und die Haselnüsse einzelne braune Stellen bekommen. Das dauert ca. 15 Minuten, dabei zwischendurch die Nüsse bewegen. Die Nüsse noch warm in ein Geschirrtuch legen. Die Häutchen können mit dem Tuch nun leicht abgerubbelt werden. Ich bewahre sie dann in fest verschlossenen Gläsern auf.

Sbrisolona ai mirtilli

Dieser Kuchen wird ohne Eier zubereitet und ist mein Favorit, wenn Freunde zu Besuch kommen, die vegan essen. Da brauche ich nur die Butter durch vegane Butter zu ersetzen, um alle glücklich zu machen. In jedem Fall ist es wichtig, die Sbrisolona gut auskühlen zu lassen und dann einige Stunden in den Kühlschank zu stellen, bevor man sie schneidet.
Probiere den Kuchen auch einmal mit Himbeerfüllung und einer Kugel Vanilleeis dazu. Das Eis gibt's auch vegan.

BODEN
150 g Haferflocken
70 g Mehl
100 g Zucker
100 g Butter
1 Prise Salz

BELAG
500 g tiefgefrorene oder frische Blaubeeren
2 EL Speisestärke
2 EL Wasser
1 EL Zucker

STREUSEL
40 g Haferflocken
60 g Mehl
40 g Zucker
50 g Butter
1 Prise Salz

Backform (Ø 24 cm) mit Backpapier auslegen. — Haferflocken, Mehl, Zucker, Butter und Salz rasch zu einem bröseligen Teig verkneten. Mit den Händen in der Springform festdrücken, dabei einen Rand bilden. Bis zum Backen in den Kühlschrank stellen. — Beeren in einem Topf bei ständigem Umrühren aufkochen. Speisestärke im kalten Wasser lösen. Zucker und Speisestärke zu den Beeren geben und weiter köcheln lassen, bis die gekochten Beeren eindicken. Vom Herd nehmen und auskühlen lassen. — Backofen auf 180 °C (Ober-/Unterhitze) vorheizen. Für die Streusel Haferflocken, Mehl, Zucker, Butter und Salz mischen und mit den Fingern zu Streuseln verarbeiten. — Backform aus dem Kühlschrank nehmen, Teig mit den Beeren bedecken und die Streusel auf dem Kuchen verteilen. Im vorgeheizten Backofen 40–45 Minuten, bis die Streusel leicht braun sind, backen.

Tante Idas Marillenkuchen

Wenig Aufwand, großer Effekt. Dieser Obstkuchen ist schnell gemacht und einfach köstlich. Am liebsten mag ich ihn mit frischen Marillen. Er schmeckt aber ebenso mit Beeren, Mirabellen, Kirschen oder Zwetschgen. Und wenn ich im Winter Lust auf ein fruchtiges Stückchen Sommerflair habe, backe ich ihn mit eingefrorenem Obst.
Die Zutaten sind für eine runde Backform (Ø 24 cm) bemessen. Der Kuchen wird etwas höher – Stäbchenprobe also nicht vergessen. Du kannst die angegebene Menge der Zutaten auch für einen Blechkuchen nehmen, dann ist er flacher und du musst ihn kürzer backen.

---

270 g Butter
270 g Zucker
1 TL Vanilleextrakt
1 Prise Salz
6 Eier
300 g Mehl
1 Pkg. Backpulver
ca. 20 reife Marillen

OPTIONAL
Puderzucker

Backofen auf 180 °C (Ober-/Unterhitze) vorheizen. Backform oder Blech mit Backpapier auslegen. — Butter (auf Raumtemperatur) mit Zucker, Vanilleextrakt und Salz mit einem Mixer cremig rühren. Eier nacheinander zugeben und weiterrühren, bis die Masse hell ist. Mehl und Backpulver mischen, ebenfalls zur Masse geben und zu einem glatten Teig verrühren. Teig in die Backform oder auf das Blech geben. — Marillen waschen, halbieren und entkernen. Marillenhälften auf der ganzen Oberfläche des Teiges verteilen. — Kuchen in den vorgeheizten Backofen schieben und ca. 40 Minuten auf der unteren Schiene backen. Den abgekühlten Kuchen mit Puderzucker bestäubt servieren.

Mammas Apfelkuchen

Dieser einfache Rührkuchen mit Äpfeln war der Lieblingskuchen meines Vaters. Was auch in unserem Leben passierte – wenn Mamma ihren Apfelkuchen backte und ich hineinbiss, war es nur noch halb so schlimm. Das funktioniert noch heute, sogar dann, wenn ich den Apfelkuchen selbst backe.

1 kg Äpfel
200 g Mehl
½ Pkg. Backpulver
2 große Eier
150 g Zucker
1 unbehandelte Zitrone, Abrieb
1 Prise Salz
80 ml Milch

OPTIONAL
etwas Butter
1 EL Zucker

Backofen auf 180 °C (Ober-/Unterhitze) vorheizen. Eine runde Backform (Ø 24 cm) mit Backpapier auslegen. — Äpfel schälen und in gleichmäßige Stücke, am besten Schnitze, schneiden. — Mehl mit Backpulver vermischen und durchsieben. — Eier und Zucker schaumig schlagen. Abrieb der Zitrone, Salz sowie das Mehl-Backpulver-Gemisch vorsichtig einrühren. Die Milch löffelweise hinzufügen und vermengen. Ein Drittel der Äpfel in die Masse geben. Den Teig in die Kuchenform gießen, die Oberfläche mit den restlichen Äpfeln bedecken. Wer möchte, kann ein paar Butterflocken sowie 1 Esslöffel Zucker auf der Oberfläche verteilen. — Im vorgeheizten Backofen bei 180 °C 35–40 Minuten goldbraun backen. Der Kuchen ist fertig, wenn er die Stäbchenprobe besteht. Kuchen sofort nach dem Backen aus der Form lösen und bedecken (aufgrund des geringen Fettanteils trocknet er nämlich leicht aus). Ich gebe den Kuchen auf einen Teller und bedecke ihn mit der umgedrehten Backform, sodass er darunter langsam abkühlen kann. Dadurch bleibt er herrlich saftig. Dieser Kuchen ist auch lauwarm köstlich.

Schokoladiger Rote-Bete-Kuchen

Diese Torte ist ein zart schmelzender Traum für alle Schokoliebhaber. Und wegen der Roten Bete darf man vielleicht sogar sagen, dass diese „Sünde“ nicht ungesund sein kann. Für die Garnitur habe ich 2 Scheiben rohe Rote Bete im Dörrgerät getrocknet und zu Pulver zermahlen. Dieses kam dann zusammen mit Puderzucker auf den Kuchen.
Wer die Rote Bete selbst kochen möchte, tut dies am besten mit einer Prise Salz im Wasser. Kochzeit je nach Größe: 30–50 Minuten.

250 g Rote Bete (gekocht und geschält)
200 g Butter
200 g dunkle Schokolade mit 70 % Kakao-Anteil
4 EL heißer Espresso
5 Eier
190 g brauner Zucker
1 Prise Salz
125 g Mehl
35 g ungesüßtes Kakaopulver
½ Pkg. Backpulver

Backofen auf 200 °C (Ober-/Unterhitze) vorheizen. Eine runde Backform (Ø 24 cm) mit Backpapier auslegen. — Rote Bete mit einem Stabmixer fein pürieren. — Butter in kleine Stückchen schneiden und mit der Schokolade in einer Schüssel über dem heißen Wasserbad schmelzen, ohne umzurühren. Kurz bevor die Schokolade vollständig geschmolzen ist, den heißen Espresso unterrühren. Schokolade vom Herd nehmen, gut verrühren und einige Minuten auskühlen lassen. — Eier trennen. Eiweiß mit dem Mixer steif schlagen. Zucker nach und nach zum Eischnee geben und weiterschlagen, bis eine dichte Schneemasse entsteht. Eischnee zur Seite stellen. Dotter gleichmäßig verrühren. Dotter, Salz und das Rote-Bete-Püree vorsichtig in die abgekühlte Schokomasse einrühren. Mehl, Kakao und Backpulver mischen und dazugeben. Zum Schluss den Eischnee zügig, aber mit Gefühl unterheben. Am besten geht das mit einem Teigschaber. — Teig in die Backform füllen. Den Kuchen auf der mittleren Schiene in den vorgeheizten Ofen schieben. Temperatur auf 180 °C reduzieren und den Kuchen ca. 40 Minuten backen. — Kuchen auskühlen lassen und erst nach 1 Stunde aus der Springform nehmen. Das Innere ist anfangs noch weich.

Torta mantovana

Heute ist dieser Kuchen eine Spezialität aus der Toskana, genauer gesagt aus Prato. Sein Name „Kuchen aus Mantua" wird der berühmten Isabella d'Este zugeschrieben. Die Marchesa di Mantua war eine der schillerndsten Persönlichkeiten der italienischen Renaissance: Mäzenin, Politikerin und Vorbild in allen Belangen des *stile di vita*. Das Rezept der Torta mantovana soll sie einst als Gastgeschenk an den Hof der Medici in Florenz mitgebracht haben.

Der Kuchen hält sich gut ein paar Tage lang: einfach abdecken und an einem kühlen Ort aufbewahren. Wenn ich keine Pinienkerne zur Hand habe, verwende ich Mandelblättchen oder -splitter. Für dieses Rezept brauche ich mehr Dotter als Eiweiß. Weil ich das Eiweiß nicht wegwerfen möchte, bereite ich damit gern die köstlichen Kekse von Liviana zu (siehe S. 201).

---

170 g Mehl
150 g Butter
1 Ei
4 Dotter
170 g Zucker
1 Prise Salz
1 unbehandelte Zitrone, Abrieb
120 g Pinienkerne oder Mandelblättchen

AUSSERDEM
etwas Puderzucker

Backofen auf 180 °C (Ober-/Unterhitze) vorheizen. Backform (Ø 24 cm) mit Backpapier auslegen. — Das Mehl sieben, so wird der Kuchen auch ohne Backpulver immer locker. Butter über einem heißen Wasserbad schmelzen und abkühlen lassen.
Das Ei und die Dotter mit Zucker und Salz mit einem Mixer schaumig schlagen, bis die Masse luftig-cremig ist und sich die Zuckerkristalle aufgelöst haben. Mehl löffelweise zur Masse hinzufügen und vorsichtig von unten nach oben unterheben. Zitronenschale abreiben und ebenfalls vorsichtig unterrühren, genauso die zerlassene Butter. — Masse gleichmäßig in der Backform verstreichen, Pinienkerne auf der Oberfläche des Kuchens verteilen. Im Backofen 30–35 Minuten backen. Nach 30 Minuten die Stäbchenprobe machen. Aus dem Ofen nehmen und auskühlen lassen. Vor dem Servieren mit Puderzucker bestäuben.

Castagnaccio

Der Castagnaccio zählt zu den ältesten Kuchenrezepten Italiens. Man findet ihn in Abwandlungen in allen nördlicheren Regionen des Landes. Backwaren aus Kastanienmehl galten früher als „Brot der Armen", heute ist der glutenfreie Kuchen eine Delikatesse – übrigens eine für Kalorienbewusste, denn es kommt kein Zucker hinein. Meine Oma, die es gern süß mochte, gab allerdings 1 Esslöffel Honig in den Teig.
Zum Originalrezept des Castagnaccio gehören Pinienkerne, aber ich finde, Haselnüsse passen ebenfalls großartig dazu. Du kannst die Nüsse auch nach Belieben mischen.

---

2 EL Olivenöl
350 g Kastanienmehl
1 Prise Salz
450 ml raumtemperiertes Wasser
50 g Rosinen
1 EL fein gehackter Rosmarin
100 g geschälte Haselnüsse

Backofen auf 230 °C (Ober-/Unterhitze) vorheizen. Eine runde Backform (Ø 24 cm) mit 1 Esslöffel Olivenöl auspinseln. — Kastanienmehl in eine Schüssel sieben. Mit einem Schneebesen Salz, 1 Esslöffel Olivenöl und nach und nach das Wasser untermengen. Alles zu einem cremigen Teig verarbeiten. Die Hälfte der Rosinen sowie den fein gehackten Rosmarin unter den Teig heben. — Den Teig in die vorbereitete Form füllen und gleichmäßig mit den restlichen Rosinen und den Nüssen bestreuen. — Ofentemperatur auf 180 °C reduzieren und den Castagnaccio für ca. 30 Minuten backen. Auf der Oberfläche entstehen dann die typischen verzweigten Risse. Den Kuchen am besten noch lauwarm mit einem Glas Dessertwein genießen.

Cannoli

mit Crema pasticcera

Auf Sizilien liebt man Cannoli mit Schafsricotta oder Pistaziencreme, andernorts werden sie meist mit Crema pasticcera gefüllt. Die Creme erinnert an Vanillepudding.

TEIG

1 Pkg. Blätterteig (Fertigprodukt)
3 EL Milch
nach Bedarf Zucker

CREMA PASTICCERA

400 ml Milch
100 ml Schlagsahne
1 TL Vanilleextrakt
4 Dotter
110 g Zucker
30 g Mehl
10 g Speisestärke

AUSSERDEM

8 Schaumrollenformen

Backofen auf 220 °C (Ober-/Unterhitze) vorheizen. Ein Backblech mit Backpapier auslegen. — Den gut gekühlten Blätterteig auf einer Arbeitsfläche auslegen und der Länge nach in 2 cm breite Streifen schneiden. Je einen Streifen spiralförmig auf eine Schaumrollenform wickeln - beginnend beim dünneren Ende. An heißen Tagen den Blätterteig zwischendurch in den Kühlschrank geben. — Teigrollen nun mit Milch bepinseln und eventuell in etwas Zucker drehen. Die Rollen mit der abschließenden Teignaht nach unten auf das Blech legen und bei 220 °C ca. 10-15 Minuten goldbraun backen. — Schüssel für die spätere Fertigstellung der Creme in den Tiefkühler stellen. Milch, Schlagsahne und Vanilleextrakt mischen und in einem Topf erhitzen, bis die Mischung kurz vor dem Kochen ist. — Mit einem Schneebesen Dotter und Zucker verrühren. Mehl und Stärke sieben und nach und nach in die Dottermasse einrühren. — Die Hälfte der Milch-Sahne-Mischung (bei 82 °C) vorsichtig in die Ei-Mehl-Mischung gießen, dabei ständig rühren. Sobald alles gut vermischt ist, auch die zweite Hälfte unter ständigem Rühren in die Ei-Mehl-Mischung geben. Die ganze Masse zurück in den Topf füllen und bei mittlerer Hitze unter Rühren einige Minuten köcheln lassen, bis die Masse cremig wird. — Die Creme sofort in die gekühlte Schüssel umfüllen und kräftig rühren, bis ihre Temperatur möglichst schnell auf 50 °C sinkt. Das vermeidet einen Geschmack nach Eierspeise und verleiht der Creme ihren Glanz. Auskühlen lassen. — Mit einem Spritzbeutel die Creme in die abgekühlten Cannoli füllen.

Feigenbrot

Wenn wir früher Ausflüge gemacht haben, kaufte unsere Mutter unterwegs oft kleine Feigenbrötchen, die wir teilten. Ich backe das süße Brot gerne für unser Sonntagsfrühstück. Es schmeckt auch mit Rosinen toll. Diese weiche ich am Vorabend in Rum oder Grappa ein. Wenn Kinder mitessen, nehme ich Wasser. Für das Feigenbrot verwende ich wie für andere Brotsorten ein Mehl mit hohem Backstärkegehalt (W-Index: 280–350). Ein bisschen Malz sorgt zudem für Geschmack.

VORTEIG

50 ml Wasser
3 g frische Hefe
50 g Mehl
10 g Malz

TEIG

400 g Mehl (W 280–350/ AT: W700, DE/CH: 812, I: 1)
250 ml Wasser
15 g frische Hefe
75 g Zucker
10 g Salz
125 g getrocknete Feigen

Abends für den Vorteig Wasser, Hefe, Mehl und Malz gut verkneten. Teig in eine Schüssel geben, mit einem Geschirrtuch zudecken und über Nacht bei 4 °C im Kühlschrank ruhen lassen. — Am nächsten Tag für den Teig Mehl, Wasser, Hefe und Zucker mischen und zum Vorteig geben. Wenn die Zutaten zu einem glatten Teig vermischt sind, Salz hinzufügen und unterkneten. Teig auf ca. 30 × 40 cm ausziehen. Dabei immer wieder nachformen, damit der Teig eckig bleibt. — Die Feigen zerstückeln und auf dem Teig verteilen. Nun das untere Drittel des Teigs zur Mitte hin falten, dann das obere Drittel zur Mitte hin falten. Dasselbe noch einmal in die andere Richtung wiederholen, also zuerst das rechte Drittel, dann das linke zur Mitte hin falten. Teig rund formen und mit der glatten Seite nach unten in einen bemehlten Gärkorb oder eine mit Tuch ausgelegte und bemehlte Schüssel geben. An einem warmen Ort aufgehen lassen, bis sich der Teig etwa verdoppelt hat. — Ofen auf 200 °C (Ober-/Unterhitze) vorheizen. Brot auf Backpapier umdrehen. Die glatte Seite des Teiges mit Mehl einreiben, eventuell schlitzen. Brot auf der mittleren Schiene in den vorgeheizten Ofen schieben. Das Brot ist fertig, wenn es eine innere Temperatur von 94–96 °C erreicht hat. Aus dem Ofen nehmen und vor dem Anschneiden etwas abkühlen lassen.

Brot mit Schokolade
und Haselnüssen

Kakao und Haselnüsse sind eine großartige Kombination, das weiß jedes Kind. Manchmal packte mir mein Vater früher eine ganz besondere Jause ein: ein Stück Brot, einen Riegel Schokolade und eine Handvoll Haselnüsse. Den Schokoriegel haben wir in das Brot gesteckt und vor dem Reinbeißen noch ein paar Haselnüsse in den Mund gegeben.

---

300 g Mehl (W 280–350 / AT: W700, DE/CH: 812, I: 1)
240 ml Wasser
60 g mit Weizenmehl und Wasser aufgefrischter Licoli (1 : 1 : 1) (siehe S. 162)
20 g Kakao
3 EL Zucker
5 g Salz
100 g Schokolade mit 50 % Kakaoanteil
150 g geröstete Haselnüsse

Mehl mit 200 ml Wasser kneten. 1 Stunde ruhen lassen. Licoli dazugeben und gut vermengen. Kakao, die restlichen 40 ml Wasser, Zucker und Salz nach und nach dazugeben und verkneten, bis sich der Teig von den Wänden des Gefäßes löst. Das dauert ca. 10–15 Minuten. Teig auf die Arbeitsfläche legen. Der Teig ist sehr feucht, mit feuchten Händen lässt er sich besser bearbeiten. Brot falten (Bâtard-Methode, siehe S. 168) und rund formen. Zudecken und 30 Minuten ruhen lassen. — Teig mit feuchten Händen zu einem Rechteck von ca. 30 × 40 cm ausziehen. Dieses mit der fein zerstückelten Schokolade und den geriebenen oder zerkleinerten Haselnüssen bestreuen. Nun das untere Drittel des Teigs zur Mitte hin falten, dann das obere Drittel zur Mitte hin falten. Dasselbe noch einmal in die andere Richtung wiederholen, also das rechte Drittel, dann das linke zur Mitte hin falten. Teig zu einer Kugel formen, zudecken und 40 Minuten ruhen lassen. — In den nächsten 4 Stunden soll der Teig alle 45 Minuten erneut in Drittel gefaltet werden, wie oben beschrieben. Dazwischen zugedeckt bei etwa 25 °C ruhen lassen. Nach diesen etwa 5 Stunden sollte sich der Teig annähernd verdoppelt haben.

⟶

Danach den Teig auf der Arbeitsfläche ein letztes Mal falten und mit der glatten Seite nach unten in einen bemehlten Gärkorb oder eine mit Tuch ausgelegte und bemehlte Schüssel geben. Teig mit einem Baumwolltuch zudecken und bei 4 °C im Kühlschrank ruhen lassen, bis er nochmals die Hälfte seines Volumens zugelegt hat. — Backofen auf 200 °C (Ober-/Unterhitze) vorheizen. Das Schoko-Haselnuss-Brot anschließend bei 200 °C so lange backen, bis es eine Kerntemperatur von 94–96 °C erreicht hat.

HINWEIS
Bei diesem Rezept hilft dir ein Video auf meinem Blog
a-modo-mio.at/buch-videos

Maiskekse

Das Rezept für diese Maiskekse stammt aus dem 17. Jahrhundert. Schon damals beschenkte die piemontesische Poebene um Cuneo die Menschen mit reichlich Nahrungsmitteln. Doch nach einer Missernte im Jahr 1628 wurde der Weichweizen, ein Grundnahrungsmittel, knapp und teuer. Ein findiger Bäcker kaufte Polenta, also Maisgrieß, den er fein ausmahlen ließ. Die Kekse, die er damit backte, schmeckten nicht bloß ihm.
Achte beim Mehlkauf darauf, dass das Maismehl auch wirklich sehr fein vermahlen ist. Sonst knirscht es nachher zwischen den Zähnen. Wer eine gute Getreidemühle zu Hause hat, kann aus Polenta selbst Maismehl herstellen (Gebrauchsinformation des Herstellers beachten). Zur Abwechslung mische ich auch mal etwas gemahlenen Kardamom in den Keksteig.

---

2 Eier
130 g Zucker
1 EL Honig
120 g Mehl
250 g Maismehl
1 Msp. Backpulver
1 unbehandelte Zitrone, Abrieb
120 g Butter
24 ungeschälte Mandeln (optional)

Backofen auf 200 °C (Ober-/Unterhitze) vorheizen. Ein Backblech mit Backpapier auslegen. — Eier mit einem Schneebesen grob schlagen. Zucker, Honig, die zwei Mehlsorten sowie das Backpulver und den Zitronenabrieb dazugeben und weiterrühren. Butter (auf Raumtemperatur) langsam hinzufügen. Sobald der Teig homogen ist, diesen in einen Spritzbeutel mit großer, sternförmiger Garniertülle füllen. Mit dem Spritzbeutel Kringel auf dem Backpapier formen. — Du kannst den Teig auch 20 Minuten im Kühlschrank auskühlen bzw. fest werden lassen, ihn dann auf einer mit wenig Mehl bestäubten Arbeitsfläche ausrollen und die Kekse mit einem Ausstecher ausstechen. In diesem Fall die Kekse mit einer Mandel verzieren. — Die Kekse auf das Backblech legen, dabei braucht man keinen großen Abstand zwischen den Keksen zu lassen. Sie werden beim Backen kaum größer. Im vorgeheizten Backofen bei 200 °C 10 Minuten backen. Vor dem Servieren abkühlen lassen. In einer Dose oder einem Glas luftdicht verschlossen aufbewahren.

Livianas Biscotti

Liviana war unsere Nachbarin. Wenn sie auf Besuch kam, brachte sie immer irgendwelche Köstlichkeiten mit. Ihre Biscotti waren unerreicht, das musste sogar meine Nonna zugeben. Das Geheimnis dieser Kekse liegt im luftigen Mandelbaiser, das im Rohr komplett trocknen soll, aber nicht dunkel werden darf. Die Kekse sind fertig gebacken, wenn das Eiweiß nicht mehr an den Zähnen kleben bleibt. Mit den übrigen Dottern kannst du die Torta mantovana (siehe S. 187) backen.

MÜRBETEIG

130 g Butter
70 g Zucker
1 Ei
250 g Mehl
1 Prise Salz

MANDELBAISER

130 g Mandelblättchen
2 Eiweiß
130 g Zucker
ca. 250 g Beerenmarmelade

Kalte Butter würfeln, mit Zucker, Ei, Mehl und Salz rasch zu einem geschmeidigen Mürbeteig verarbeiten. Zugedeckt mindestens 30 Minuten im Kühlschrank rasten lassen. — Teig auf einer bemehlten Arbeitsfläche rechteckig auf 30 × 8 cm ausrollen. Die Teigmenge ergibt 2 Rechtecke. Diese sollten etwa 1 cm dick sein. Im vorgeheizten Backofen bei 170 °C (Ober-/Unterhitze) ca. 20 Minuten backen, bis die Teigstücke goldgelb sind, und dann herausnehmen. — Die Mandelblättchen im Backofen bei 170 °C (Ober-/Unterhitze) goldbraun rösten und gut auskühlen lassen. Ofentemperatur auf 80 °C reduzieren. — Für die Baisermasse Eiweiß und Zucker zu festem Eischnee schlagen. Mit den Mandelblättchen vermischen. — Die noch warmen Mürbeteigboden mit Marmelade bestreichen. Die Baisermasse vorsichtig darauf verteilen. Die Teigrechtecke erneut in den Ofen geben und solange backen, bis das Baiser komplett getrocknet, aber noch weiß ist. Die Temperatur des Ofens soll deswegen niemals die 100 °C überschreiten. Sollten die Kekse anfangen, Farbe zu bekommen, muss die Temperatur reduziert und die Backzeit verlängert werden. Normalerweise sind die Kekse in ca. 1 Stunde fertig. — Den noch heißen Teig in 2 × 8 cm große Kekse schneiden. Gut auskühlen lassen, erst dann genießen.

Cantuccini
mit Pistazien

Pinienkerne, Mandeln, Nüsse oder Pistazien prägen die italienischen *dolci*. Ein Klassiker sind gewiss die knackigen Cantuccini, die die meisten mit Mandeln kennen. Diese edle Variante mit Pistazien ist es aber unbedingt wert, mal verkostet zu werden. Cantuccini werden bei uns das ganze Jahr gegessen. Sie passen zum Espresso genauso gut wie zum Aperitif oder geben mal Energie für zwischendurch.

Backofen auf 170 °C (Ober-/Unterhitze) vorheizen. Ein Backblech mit Backpapier belegen. — Alle Zutaten schnell mit den Händen zu einem Teig verkneten. Die Milch hilft, die richtige, mittelfeste Konsistenz zu erreichen. Den Teig in 2 gleich große Stücke teilen und jeweils eine ca. 3 cm dicke Rolle formen. Die Rolle leicht flach drücken und eventuell mit 1 Teelöffel Milch bestreichen. Das verleiht den Cantuccini einen dunklen Glanz. — Die Teigrollen auf ein mit Backpapier belegtes Backblech legen und bei 170 °C ca. 18 Minuten backen. Herausnehmen und ca. 1 cm breite Stücke von den Rollen abschneiden. Oft werden Cantuccini schräg angeschnitten. Die Kekse erneut auf das Blech legen und 10 Minuten weiterbacken. — Cantuccini gut auskühlen lassen und in geschlossenen Blechdosen aufbewahren, damit sie nicht weich werden.

1 Ei
100 g Kristallzucker
½ Prise Salz
150 g glattes Mehl
½ TL Backpulver
110 g geschälte Pistazien
ca. 10 ml lauwarme Milch

OPTIONAL

1 TL Milch

Zuckerfreies Minuten-Fruchteis

Wer kennt das nicht: Plötzlich hat man Lust auf ein Eis – aber keins im Haus. Weil das bei uns öfter passiert, habe ich immer gefrorene Beeren im Tiefkühler. Außerdem brauchst du nur noch 1–2 reife Bananen und einen richtig guten Mixer. Fertig ist das Minuten-Fruchteis. Wenn du nur frische Beeren hast, müssen die Bananen tiefgefroren sein. Sie helfen, die Temperatur und die cremige Konsistenz des *semifreddo* (Halbgefrorenen) länger zu erhalten. Gemixt mit tierischer oder pflanzlicher Milch wird daraus ein erfrischender Milchshake.
Ich persönlich mag die Beeren nicht gemischt, ich verfeinere sie jedoch gerne mit Kräutern und Gewürzen. Erdbeeren schmecken etwa ausgezeichnet mit Estragon sowie mit Rosmarin und rosa Pfeffer. Zu Himbeeren gebe ich gerne 1 Esslöffel Rosenwasser, und Heidelbeeren kombiniere ich oft mit Basilikum oder Vanilleextrakt. Wer das Fruchteis einfrieren möchte, sollte dies am besten portionsweise tun. Vor dem Servieren sollte man es dann kurz antauen lassen und erneut cremig mixen.

---

2 mittelgroße Bananen
4 Handvoll gefrorene Beeren

Banane und Beeren cremig mixen. Sofort servieren und genießen.

Mammas Tiramisù

Dieses Rezept habe ich - im Unterschied zu vielen anderen aus unseren Familienkochbüchern - nie abzuändern versucht. Denn es gibt für mich kein besseres Tiramisù.
Ich verwende für das Rezept dünne Biskotten. Sie nehmen die Flüssigkeit besser auf als große.
Ein Tiramisù bereite ich immer am Vortag zu, dann kann es gut durchziehen. Erst kurz vor dem Servieren bestreue ich es mit Kakaopulver.

3 frische, große Eier
100 g Zucker
1 EL Rum
500 g Mascarpone
ca. 300 ml Espresso
300 g Biskotten
Kakaopulver

Eier trennen. Eiweiß mit 50 g Zucker zu festem Eischnee schlagen. Sind die Eier nicht ganz frisch, sammelt sich gern mal Flüssigkeit unterhalb des geschlagenen Eiweißes. Diese Flüssigkeit bitte entfernen, sie soll niemals mit der Dottermasse vermischt werden. — Dann die Dotter mit 50 g Zucker schaumig schlagen, bis die Masse sehr cremig ist. Den Rum tropfenweise in die Creme einrühren. Danach den kühlen Mascarpone löffelweise unterheben. Nicht zu lange rühren, sonst könnte eine butterähnliche Konsistenz entstehen. Am Schluss mit einem Rührbesen den Eischnee unter die Mascarponemasse heben. — Den Espresso zubereiten. In einer Form (ca. 26 × 19 cm) den Boden dünn mit Mascarponecreme bedecken. Jetzt die Biskotten mit einer Seite kurz in den warmen Kaffee tunken. Die Biskotten dann so auf die Mascarponecreme legen, dass sie möglichst gleichmäßig liegen und die Creme dicht bis vollständig bedecken. Dann eine Schicht Mascarponecreme auf den Biskotten verteilen. So die Schichten abwechseln, solange man dafür Zutaten hat. Eine Cremeschicht bildet den Abschluss. Im Kühlschrank, am besten über Nacht, durchziehen lassen. — Erst kurz vor dem Servieren mit Kakaopulver bestreuen.

Fior di Latte

Dieses Rezept aus der Emilia-Romagna gehörte im 13. Jahrhundert zu jedem Hochzeitsbankett. Der Tradition nach sollte die Frau des Hauses die erste Portion bekommen. Ich verwende Auflaufformen, aber es eignen sich auch kleinere feuerfeste Portionsförmchen. Die Vanille kann durch Zitronenschale oder Kaffee ersetzt werden. Vorsicht: Verbrennungen mit karamellisiertem Zucker sind sehr schmerzhaft.

KARAMELL

4 EL Wasser

125 g Zucker

FIOR DI LATTE

1 Vanilleschote

600 ml Milch

2 Eier

3 Dotter

125 g Zucker

1 Prise Salz

Backofen auf 130 °C (Ober-/Unterhitze) vorheizen. Du brauchst 2 Auflaufformen, eine kleinere und eine größere. Die kleinere Auflaufform mit Wasser ausspülen, gut austropfen lassen, aber nicht trocken wischen. Die kleinere Auflaufform in die größere stellen. — Für das Karamell Wasser und Zucker mischen und bei kleiner Hitze ca. 15 Minuten köcheln lassen, bis der Zucker schmilzt, eindickt, wieder schmilzt und beginnt, bernsteinfarben zu werden (165 °C). Am besten dabei nicht rühren. Dann so schnell wie möglich das Karamell in der kleineren Auflaufform verteilen. Karamell wird schnell hart, schmilzt aber beim Backen wieder. — Für den Fior di latte das Mark aus der Vanilleschote kratzen. Mark und Schote zur Milch geben. Milch erhitzen, aber nicht aufkochen. — In einer Schüssel Eier, Dotter, Zucker und Salz mit einem Kochlöffel gut mischen - nicht schlagen. Während des Umrührens zunächst einen kleinen Teil der Milch gut einrühren, dann die übrige Milch dazugeben und durch ein Sieb abseihen. Eiermilch in der kleineren Auflaufform auf das Karamell geben. — So viel Wasser in die größere Form gießen, dass es bei der kleineren Form etwa zwei Drittel des Randes hoch steht. Die Formen in den vorgeheizten Ofen schieben und 1½–2 Stunden bei 130 °C backen. Das Innere soll fest sein. Alles aus dem Ofen nehmen, Fior di latte im Wasserbad stehen lassen, sodass es langsam auskühlt. Dann für mehrere Stunden in den Kühlschrank stellen.

Biancomangiare

Der Legende nach wurde das Biancomangiare beim Versöhnungsmahl zwischen Papst Gregor VII. und dem römisch-deutschen Kaiser Heinrich IV. aufgetischt. IV. Zuvor hatte der Papst den Bittsteller, der im Winter 1076/77 nach Canossa gekommen war, angeblich drei Tage in der Kälte vor der Burg knien lassen.
Das leichte Mandeldessert wird in der kälteren Jahreszeit traditionell mit Zimt und Nüssen angerichtet. Probiere es auch einmal mit frischen Früchten oder einer Fruchtsoße (siehe Tipp).

---

500 ml ungesüßte Mandelmilch
1 unbehandelte Zitrone, Schale
100 g Zucker
1 Pkg. Vanillezucker
75 g Speisestärke

AUSSERDEM
Zimt oder Vanillepulver

Ca. 100 ml der Mandelmilch beiseitestellen. Den Rest in einen Topf geben. Von der Zitrone nur die gelbe Schale dünn abziehen. Zitronenschale, Zucker und Vanillezucker in die Mandelmilch geben und langsam erhitzen. — Speisestärke sieben und in der zuvor beiseitegestellten kalten Mandelmilch lösen. — Die heiße Mandelmilch-Mischung durchsieben und die Zitronenschalen entfernen. Dann mit der kalten mischen und im Topf bei niedriger Temperatur einige Minuten eindicken lassen. — Die fertige Creme in leicht angefeuchtete Förmchen oder in eine angefeuchtete Puddingform füllen, auf Raumtemperatur abkühlen lassen und mindestens 5 Stunden in den Kühlschrank stellen. Das Biancomangiare vor dem Servieren aus den Förmchen stürzen und mit einem Hauch Zimt oder Vanillepulver garnieren.

Tipp
Zur Herstellung einer schnellen und einfachen Fruchtsoße 500 g frisches Obst (Marillen, Pfirsiche, Erdbeeren) in einem Mixer pürieren und mit einem Sirup aus 50 g Zucker oder Honig und ½ Glas Wasser (ca. 125 ml) vermengen. Die Soße auf kleiner Flamme eindicken lassen und mit 1 Esslöffel Likör verfeinern.

Meine Vorratsküche

Ob aromatisches Essiggemüse, ein Sirup oder eine extravagante Marmelade: Feine Dinge auf Vorrat zu haben, lohnt immer. Sie sind meist schnell gemacht und eignen sich - solltest du nicht alles selbst aufessen wollen - auch toll zum Verschenken. Du kannst die angegebenen Mengen alle beliebig proportional erhöhen.

Eingelegtes kannst du auch recht kurzfristig in kleinen Mengen zubereiten. Das Gemüse sollte aber mindestens einen Tag lang Zeit haben, durchzuziehen, damit es die Aromen der Kräuter aufnimmt. Je länger es zieht, desto intensiver wird der Geschmack. Die Gläser vor Licht schützen und an einem kühlen Ort aufbewahren. Geöffnete Gläser sollten in den Kühlschrank und bald verzehrt werden.

Ich sterilisiere Gläser und Deckel vor dem Abfüllen einige Minuten in kochendem Wasser oder im 170 °C heißen Backofen. Gläser nach dem Abfüllen sofort verschließen und auf den Kopf stellen. Dadurch entsteht ein Vakuum. Die heißen Gläser dann mit einem Tuch oder einer Decke zudecken, damit sie langsam auskühlen können. Wenn man mit dem Finger auf den Deckel drückt, darf er nicht nachgeben. Bei in Öl eingelegtem Gemüse oder Oliven sollten die Zutaten mit Öl vollständig bedeckt sein. So lässt sich am besten verhindern, dass sich Luftblasen bilden.

Bei der Marmelade richte ich die Zuckermenge nach der gewünschten Haltbarkeit. Wenn ich weiß, dass die Marmelade bald gegessen wird, nehme ich weniger. Auch Marmelade mit weniger Zucker kann im Kühlschrank mal länger lagern. Um die Konsistenz schon beim Einkochen zu prüfen, tropfe ich etwas Marmelade auf einen gekühlten Teller. Wird der Tropfen nicht fest, muss noch etwas Geliermittel dazu. Ist die Masse zu fest, verdünne ich mit etwas Wasser.

Mammas beste Giardiniera

So wie jede Familie „ihr“ Apfelkuchenrezept hat, hatte bei uns früher jede „ihre“ Giardiniera. Der Name sagt es schon: Es kommt alles in dieses eingelegte Gemüse, was der Garten gerade hergibt und die Gärtnerin für gut befindet.
Dieses Rezept stammt von meiner Mutter. Wer ein großes Gemüsebeet besitzt, kann das Gemüse natürlich beliebig variieren. Die Giardiniera hält lange und schmeckt im Sommer wie im Winter großartig als Antipasto.

Tomaten durch eine Flotte Lotte in einen hohen Topf passieren. Das restliche Gemüse waschen und zerstückeln (bis auf die Perlzwiebeln). Karotten, Paprika, Salz, Zucker, Essig, Olivenöl sowie die Nelke zu den Tomaten geben und 30 Minuten köcheln lassen. — In der Zwischenzeit die zerkleinerten Bohnen separat weichkochen. Nach den 30 Minuten die Zwiebeln sowie die vorgekochten Bohnen zu den anderen Zutaten in den Topf geben und weitere 10 Minuten garen. — Das heiße Gemüse samt Flüssigkeit in sterile Gläser füllen. Gläser, falls nötig, am Gewinde sauber wischen, sofort fest verschließen und für ein paar Minuten auf den Kopf stellen. Vor dem Servieren das Gemüse aus der Flüssigkeit nehmen, sie wird nicht mitgegessen.

2 mittelgroße Tomaten
2 mittelgroße Karotten
1 runde gelbe Paprika
½ EL Salz
½ EL Zucker
125 ml Weißweinessig
250 ml Olivenöl
1 Stück Nelke
16 grüne Bohnen
12 Perlzwiebeln

Eingelegte rote Zwiebeln

mit Rosinen und Rosmarin

Obwohl diese sauer-süß-scharf eingelegten Zwiebeln toll aufbewahrt werden können, mache ich sie meistens kurzfristig bzw. am Tag bevor meine Gäste zum Essen kommen. Dann gibt es zuerst diese Zwiebeln mit Prosciutto auf geröstetem frischem Weißbrot und dazu ein Glas Rotwein. Wenn es auf dem Markt rote Tropea-Zwiebeln gibt, greif zu. Die Sorte hat ein feines, süßes Aroma und schmeckt auch toll in geröstetem Gemüse.

250 g rote, süßliche Zwiebeln (z. B. Tropea)
125 ml Essig
250 ml Wasser
30 g Zucker
1 Prise Salz
25 g Rosinen
2 Zweige Rosmarin
1 scharfe Chilischote
20 g Pinienkerne
viel Olivenöl

Zwiebeln schälen und in dünne Scheiben schneiden. — In einem Topf Essig, Wasser, Zucker und Salz zum Kochen bringen. Sobald sich der Zucker aufgelöst hat und die Flüssigkeit kocht, Zwiebeln und Rosinen dazugeben und etwa 10 Minuten köcheln lassen. Danach Zwiebeln und Rosinen abseihen und gut abtropfen lassen. Auf ein Backpapier legen und etwa 30 Minuten mit einem Zweig Rosmarin im vorgeheizten Backofen bei 100 °C trocknen lassen. Backofentür zwischendurch öffnen, damit der Dampf abziehen kann. — Chilischote und den anderen Rosmarinzweig waschen und zerkleinern. Pinienkerne in einer beschichteten Pfanne ohne Fett rösten. Diese Zutaten mit den getrockneten Zwiebeln und Rosinen in sterile Gläser füllen. Alles mit Olivenöl vollständig bedecken, sodass keine Luft ans Gemüse kommt. Mit einem Tuch abdecken und so abgedunkelt mindestens 24 Stunden ziehen lassen.

Gegrillte Paprika

mit Chili und Koriander

Grüne Paprika eignen sich für dieses Rezept nicht, denn sie sind zu bitter. Runde Paprika lassen sich besser abschälen als Spitzpaprika. Achte darauf, dass die Schale der Paprika auf dem Rost liegt und die Stücke nicht zu klein geschnitten sind. Der geschmackvolle Paprikasaft soll großteils im Gemüse bleiben, nicht heruntertropfen. Paprika lassen sich einfacher häuten, wenn du sie zudeckst, solange sie noch ganz heiß sind, und sie 5 Minuten ruhen lässt.

---

500 g Paprika
frischer Koriander (alternativ Petersilie oder frische Minze)
Knoblauch nach Geschmack
1 Chilischote
reichlich Olivenöl

AUSSERDEM
1 Zitrone, Saft
Salz

Ofen auf 250 °C (Ober-/Unterhitze) vorheizen. — Paprika waschen und in nicht zu kleine Spalten schneiden. Auf den Grillrost legen und diesen in den Ofen schieben. Darunter kommt ein Backblech mit Wasser. Es soll die abtropfende Flüssigkeit des Gemüses auffangen. — Paprika so lange grillen, bis die Stücke schöne Röststellen haben, aber noch fest sind. Das dauert ca. 20 Minuten. Paprika zugedeckt einige Minuten ruhen lassen, häuten und wieder zugedeckt abkühlen lassen. — Vorbereitete sterile Gläser mit Paprika sowie dem gehackten Koriander, Knoblauchzehen und Chilischote füllen. Das Gemüse mit Olivenöl bedecken, sodass keine Luft mehr an die Zutaten kommt. Gläser gut verschließen. Idealerweise sollte das Gemüse 2 Wochen durchziehen. Eventuell den Knoblauch zuvor schon entfernen. — Mit Zitronensaft und Salz abschmecken und als Antipasto oder Beilage zu Fisch bzw. Fleisch servieren.

Marinierte Oliven

Manchmal kauft man die schönsten Oliven und dann schmecken sie einfach langweilig. In diesen Fällen mariniere ich sie und gebe ihnen so einen interessanteren Geschmack.
Salz sollte immer erst kurz vor dem Servieren an die Oliven, denn Salz entzieht Flüssigkeit und die Oliven können „gummig" werden. Meine Erfahrung: Oliven mit Kern haben meistens mehr Geschmack. Zum Entkernen nehme ich einen Oliven- oder Kirschenentsteiner

---

450 g Oliven verschiedener Sorten
1 Bund Petersilie (alternativ Koriander, Basilikum oder Estragon)
2 frische rote Chilischoten (nach Geschmack)
2 Knoblauchzehen
1 Zitrone, Saft
Olivenöl

Oliven in eine Schüssel geben. Petersilie und Chili waschen, trocknen und zerkleinern. Knoblauch in grobe Scheiben schneiden, falls du ihn später wieder entfernen möchtest. Ansonsten kannst du ihn klein hacken oder pressen.
— Petersilie, Chili und Knoblauch mit den Oliven vermischen und alles gleichmäßig mit Zitronensaft und Olivenöl beträufeln. Abdecken und mindestens 2 Stunden im Kühlschrank marinieren lassen. Die Oliven mit geröstetem Weißbrot als Antipasto reichen oder in Gläser abfüllen, mit Olivenöl bedecken und im Kühlschrank aufbewahren.

Nonna Ninas Rosen-Elixier

Dieser Likör duftet wie ein Rosengarten. Ich serviere ihn zum Kuchen, gebe einen Schluck in den Früchtetee oder in eine warme Milch.
Die schönsten Rosenblütenblätter aus Nonnas Garten kamen in diesen angesetzten Schnaps. Wir pflückten sie zeitig an einem sonnigen Morgen im Mai, wenn die einmal blühenden Rosen in voller Blüte standen. Die Rosenblätter haben wir dann mit einem Teil des Zuckers gemörsert. Der grobe Zucker zerreibt die Blätter, die mit dem Stößel gegen die Seiten des Mörsers in eine Richtung zerdrückt werden, während der Mörser gleichzeitig in die Gegenrichtung gedreht wird.
Hier schlage ich die schnelle Variante mit Mixer statt des Mörserns vor. Schalte dabei den Mixer immer wieder aus. Die Blätter dürfen nicht erhitzt werden. Wer nicht genug duftende Rosenblätter findet, ergänzt die Rezeptur mit 30 ml Rosenwasser. Verwende nur Rosenblätter von nicht gespritzten Pflanzen.

---

350 g Zucker
200 duftende Rosenblütenblätter
700 ml Grappa

70 g Zucker in einen Mixer geben. Einschalten und nach und nach die Rosenblätter dazugeben, bis eine homogene Masse entsteht. Den so entstandenen Rosenzucker mit der Hälfte des Schnapses mischen, in ein verschließbares Glasgefäß geben und 10 Tage ruhen lassen. Einmal am Tag das Glas aufmachen und die Flüssigkeit rühren. — Nach 10 Tagen den restlichen Zucker und Grappa dazugeben und nochmals 1 Woche ruhen lassen. — Nach 1 Woche das Elixier durch ein Tuch abseihen und in sterilisierte Flaschen füllen. Flaschen verschließen und 2 Monate ruhen lassen, erst dann genießen.

Lavendel-Rosmarin-Sirup

500 ml

Ich sammle die Lavendelblüten an einem trockenen Tag, wenn die Sonne nicht zu hoch am Himmel steht. Wenn der Lavendel zu blühen beginnt und frisch geöffnete Blütenknospen hat, duftet er intensiv und lockt damit viele Insekten an. Die Blüten geben dann auch viel Farbe ab. Achte darauf, Blüten zu pflücken, die noch keine Samen gebildet haben.
Falls du Wert auf die lila Farbe legst, solltest du die Zitronenschale nicht mitkochen, sondern sie nur mit den Blüten und dem Rosmarin ziehen lassen. Ansonsten wird der Sirup rötlich. Je mehr Blüten, desto aromatischer ist nachher der Sirup. Rosmarin verleiht eine leicht herbe Note, die perfekt zum Lavendel passt. Dieser Sirup ist köstlich mit Mineralwasser und Zitrone sowie einem frischen Zweig Rosmarin oder in Kombination mit Prosecco. Ich empfehle, ihn 1 : 6 zu verdünnen. Du kannst auch einige Tropfen Lavendelblütensirup zu Eis, Panna cotta oder Schlagsahne geben - dem kann niemand widerstehen.

300 ml Wasser
300 g Zucker
30 g Zitronensäure
3 unbehandelte Zitronen, Schale und Saft
100 Zweige Lavendel
3 Zweige Rosmarin (ca. 10 cm lang)

Wasser in einem großen Topf zum Kochen bringen. Zucker, Zitronensäure und die abgezogene Zitronenschale (nur das Gelbe, das Weiße ist bitter) dazugeben. Ein paar Minuten aufkochen und abkühlen lassen. — Stängel der Lavendelzweige abschneiden, sodass nur die Blütenähren übrig bleiben. Zitronen auspressen, den Zitronensaft ins Zuckerwasser gießen und die Lavendelblüten sowie die Rosmarinzweige hinzufügen. Mit einer Klarsichtfolie abdecken und 5 Tage an einem sehr kühlen, dunklen Ort (z. B. im Keller) ruhen lassen. Gelegentlich umrühren.

→

— Nach 5 Tagen den Sirup durch ein feines Tuch abseihen und in sterilisierte Flaschen abfüllen. Mit einem Schraubverschluss die Flaschen zudecken, aber nicht zuschrauben, denn der Sirup kann gelegentlich gären. Lagere die Flaschen an einem frischen und kühlen Ort. Der Sirup hält sich gut 6 Monate.

Tomatensaft-Variationen

Wenn ich im Sommer aus den vielen reifen Tomaten frische Passata oder Pappa al pomodoro zubereite, entferne ich immer die Samen. Dabei kann ich viel Flüssigkeit auffangen, diesen Tomatensaft siebe ich und verwende ihn weiter. Im Kühlschrank hält er einige Tage. Ich kreiere daraus einen extravaganten und erfrischenden Aperitif. Tomatensaft ist gerade im Sommer ein super Durstlöscher, mir schmeckt er auch schon zum Frühstück oder Brunch. Ich habe hier die Mengen pro Trinkglas bzw. für 1–2 Personen angegeben.

TOMATENSAFT MIT BASILIKUM

250 ml frischer Tomatensaft
1 Prise Salz
Olivenöl
2 Basilikumblätter

TOMATENSAFT MIT PROSECCO UND LIMETTE

150 ml frischer Tomatensaft
50 ml Prosecco
1 Limette, Saft
1 kleines Stück Ingwer
Eis (optional)

Tomatensaft mit Basilikum

Gefilterten Tomatensaft in Gläser füllen, salzen, mit einigen Tropfen Olivenöl und ein paar Basilikumblättern servieren.

Tomatensaft mit Prosecco und Limette

Gefilterten Tomatensaft mit Prosecco und dem Limettensaft in Gläser füllen. Mit einem Hauch frisch geriebenem Ingwer und Eis servieren.

Nonna Ninas Eierlikör

Jedes Jahr, wenn es Richtung Winter ging, bereitete meine Oma diesen Eierlikör zu. Keineswegs nur für ein genussvolles Gläschen zum Kuchen oder nach dem Essen. Eierlikör war früher ein Hausmittel gegen alle möglichen Zipperlein. Er sollte gut für die Abwehrkräfte sein, nach einer Krankheit stärken und überhaupt den Kreislauf in Schwung halten. Da sprach nichts gegen einen täglichen Löffel von diesem Wundergetränk.
Die Eier werden roh verwendet und sollen daher extrem frisch sein. Beim Rezept hat schon Nonna Nina dazu notiert: *„ova fresche di giornata"*, frische Eier vom selben Tag. Alkohol und Zucker konservieren ganz gut, dennoch solltest du die Flaschen kühl und dunkel aufbewahren und den Eierlikör bald trinken.

---

400 g Zucker
500 ml Milch
4 Dotter
100 ml Marsala
100 ml Alkohol 95 %

200 g Zucker mit der Milch erhitzen, bis der Zucker aufgelöst ist. Die süße Milch ganz auskühlen lassen. — Die Dotter mit dem restlichen Zucker schaumig schlagen. Nun sehr langsam, fast Schluck für Schluck, die süße Milch dazugeben und vorsichtig weiterrühren. Marsala und hochprozentigen Alkohol mischen und ebenfalls untermischen. — Den Likör in einem verschließbaren Behälter 2 Tage im Dunkeln ruhen lassen. Gelegentlich umrühren. Danach in sterilisierte Flaschen abfüllen und bald genießen.

4 × 250 ml

Erdbeermarmelade

mit Rosmarin und rosa Pfeffer

Wusstest du, dass rosa Pfeffer gar kein Pfeffer ist? Die kleinen Körner sind die Beeren eines Sumachbaumes, sehen dem echtem Pfeffer aber ähnlich und schmecken auch leicht scharf. In Südamerika, wo die Pflanzen heimisch sind, kennt man sie unter dem Namen Weihnachtsbeere, weil sie dort auch als Weihnachtsschmuck verwendet werden.
Für eine herb-süße Variante dieser Marmelade ersetze ich die Hälfte der Erdbeeren durch Rhabarber und lasse den Rosmarin weg. Erdbeermarmelade verliert beim längeren Lagern ihre schöne Farbe. Sie schmeckt zwar trotzdem genauso gut, aber wem die optische Komponente wichtig ist, kann die Marmelade auch in den Tiefkühlschrank geben. Die Gläser gehen nicht kaputt, und die rote Farbe kommt beim Auftauen zurück.

---

1 kg reife Erdbeeren
4 Zweige Rosmarin
1 EL rosa Pfefferkörner
500 g Gelierzucker (1 : 2)
1 unbehandelte Limette, Abrieb

Erdbeeren säubern, den Strunk entfernen und klein schneiden. Danach in einem Topf kurz weich dünsten und mit der Flotten Lotte passieren oder mit einem Stabmixer pürieren. Rosmarinnadeln und Pfeffer fein hacken. Erdbeeren mit Gelierzucker, Rosmarin, Pfeffer und Limettenabrieb etwa 4–5 Minuten sprudelnd kochen. — Noch heiß in sterile Gläser füllen. Gläser, falls nötig, am Gewinde sauber wischen, sofort gut verschließen und auf den Kopf stellen. Lagere die Marmelade an einem kühlen, dunklen Ort.

Traubenmarmelade

mit Minze und Chili

4 × 250 ml

Die Rebsorte, die ich für diese Traubenmarmelade bevorzuge, ist die *uva fragola,* auch Isabella- oder Erdbeertraube genannt. Diese Rebsorte besitzt einen ausgeprägten Beerengeschmack und einen intensiven Duft. Minze und Chili peppen das markante Aroma zusätzlich auf und überraschen den Gaumen.

Traubenmarmelade mit Minze und Chili passt aufs Butterbrot oder in Pfannkuchen genauso wie zu einer Käseplatte. Die Minze solltest du mit Bedacht dosieren, ebenso die Menge an Chili, denn die Marmelade schärft beim Lagern noch nach: Die Hauptrolle soll letztendlich die Traube spielen.

---

1 Zweig Minze
1 frische Chilischote
500 g Gelierzucker (1 : 2)
1 kg geschälte und entkernte Trauben (entspricht ca. 2 kg Trauben)

Minze und Chili fein hacken, mit dem Gelierzucker vermischen und über Nacht ziehen lassen. — Saubere und trockene Traubenbeeren durch eine Flotte Lotte drehen, damit die Kerne und Häutchen entfernt werden. Trauben wiegen. 1 kg passierte Trauben mit dem aromatisierten Zucker mischen, bei mäßiger Hitze unter Rühren aufkochen und 4–5 Minuten kochen lassen. — Noch heiß in sterile Gläser füllen. Gläser, falls nötig, am Gewinde sauber wischen, sofort gut verschließen und auf den Kopf stellen. Lagere die Marmelade an einem kühlen, dunklen Ort.

Orangenmarmelade
mit Safran

2 × 250 ml

Diese Marmelade machte meine Mamma früher immer im Winter und Frühjahr. Und fast jede Woche hat sie Nachschub frisch eingekocht! Die Orangen kaufte sie freitags am Markt von einem Straßenhändler aus Süditalien, der gemeinsam mit seinem Dackel durch ganz Italien fuhr, um die Orangen aus der Heimat zu verkaufen. Sie waren saftig und süß wie keine anderen.

---

500 g filetierte Orangen (entspricht ca. 800 g Orangen)
1 Msp. Safran
250 g Gelierzucker (1 : 2)

Die Schale, die weiße Haut darunter und auch die Innenhäute der Orangen entfernen. Die Orangen mit einem scharfen Messer filetieren. Orangen wiegen. 500 g Orangenfilets mit dem Safran und dem Gelierzucker mischen, bei mäßiger Hitze unter Rühren aufkochen und 4–5 Minuten kochen lassen. — Noch heiß in sterile Gläser füllen. Gläser, falls nötig, am Gewinde sauber wischen, sofort gut verschließen und auf den Kopf stellen. Lagere die Marmelade an einem kühlen, dunklen Ort, wenn sie nicht gleich gegessen wird.

Milchkaramell

Wenn ich als Kind ein schmutziges und klebriges Gesicht hatte – wahrscheinlich auch ein schuldbewusstes –, war meiner Mamma sofort klar, dass ich vom Milchkaramell genascht hatte. Noch heute widerstehe ich nur selten, wenn ich ein Glas vor mir habe. Diese Karamellcreme verwende ich manchmal auch als Fülle für köstliche Cannoli (siehe S. 191). Die Zitronenschale solltest du mit Bedacht dosieren, denn ihr Geschmack wird mit dem Kochen intensiver.

---

250 ml Milch
250 g Zucker
½ unbehandelte Zitrone, Schale

Kalte Milch und Zucker in einem Topf mischen. Die Zitronenschale (nur das Gelbe) in die Flüssigkeit geben. Die Zuckermilch langsam erhitzen und etwa 1½ Stunden sanft köcheln lassen. Dabei ständig mit einem Holzkochlöffel umrühren. Achtung, wenn die Temperatur zu hoch ist oder zu wenig gerührt wird, bleibt die gesüßte Milch am Boden kleben. Sobald die Mischung die Konsistenz von Marmelade hat, ist das Milchkaramell fertig. Topf vom Herd nehmen und die Zitronenschale entfernen. Heiß in sterile Gläser füllen. Gläser, falls nötig, vor dem Verschließen am Gewinde sauber wischen, sofort gut verschließen und auf den Kopf stellen. Lagere die „Milchmarmelade“ an einem kühlen, dunklen Ort.

Tipp

Mit dieser Mischung kann man auch selbst Karamellbonbons herstellen. Dafür lasse ich die „Milchmarmelade“, wie wir sie nannten, etwas länger auf dem Herd eindicken. Danach gieße ich die Masse auf eine mit Keimöl eingefettete Marmorplatte. Die warme Karamellmasse streiche ich mit einem eingeölten Messer gleichmäßig ca. 1 cm dick aus. Wenn die Masse vollständig abgekühlt und ausgehärtet ist, kann man sie einfach in die gewünschte Form schneiden.

Register
alphabetisch

Register
nach Hauptzutaten

Über 120 Jahre Destillation nach handwerklicher Methode
© Giulia Iacolutti
NONINO
'Beste Brennerei der Welt'
by Wine Enthusiast
SPIRIT BRAND / DISTILLER OF THE YEAR 2019
ANTIKES SYMBOL FÜR ALKOHOL
TRINKEN SIE VERANTWORTUNGSVOLL!
COCKTAIL
Rosina Ferrario No. 203
by Joerg Meyer
#GrappaNonino
#TheGrappaEvolution
100% DISTILLATA CON METODO ARTIGIANALE
NACH HANDWERKLICHER METHODE DESTILLIERT
www.grappanonino.it/de

Die Autorin

Alessandra Dorigato ist in der Lombardei und im Trentino aufgewachsen – bei zwei großartigen Köchinnen: ihrer Mamma und ihrer Nonna. Seit dem Jahr 2000 lebt sie in Wien mit ihrem Mann und ihren zwei Kindern.
Neben ihrer wöchentlichen Food-Kolumne für die Tageszeitung *Der Standard* (Online) kocht sie auch jeden Monat als Gast bei *Studio 2* im österreichischen TV-Sender ORF 2. Ständig tüftelt sie an Rezepten für ihren Foodblog *A Modo Mio*: Dort findet man authentische Küche aus den verschiedenen Regionen Italiens und viele Geschichten, die damit verbunden sind. Alessandra veranstaltet Pasta-Workshops in Wien, wo sie neben den Kenntnissen der italienischen Küche auch ein wenig Dolce Vita vermittelt.